本書は性風俗に関して参考となる情報の解説を目的としています。

実際の風俗における最終的な最終的な判断は、ご自身の責任において行ってください。

はじめに

　はじめては誰だって不安です。しかもセックスのこと、風俗のこと。「最近のデリヘルはなぁ……」なんて学校の先生も両親だって教えてくれない。

　昨今、人間関係も希薄になり後輩たちを風俗へと連れまわすような豪快な先輩、上司もいない。しかも本人自体が無意味な他人とは関わりたくないので飲み会なんかには参加しない。学校、仕事が終われば一目散に自分のやりたいこと、趣味に没頭する人ばかり。

　しかしどんな人にも性欲はある。毎晩、毎晩、自分へのご褒美オナニー……。だけでは満足できない。

　女の子のツルツルお肌に触れてみたい。おセックス様がしてみたい。ＡＶ女優がしているような超凄テクのフェラを体感してみたい。たわわな巨乳を心行くまでモミモミしてみたい。男の娘のピンク色したイチモツをしゃぶってみたい。

　みたい、みたい、みたい……。

　お金さえ支払えば「みたい」が現実になる場所、それが風俗。行ってみたいな……風俗。

　しかしピカピカ亀頭の風俗１年生。経験豊富な風俗嬢に女を知らない小さなチ○コを見られたらバカにされないの？すぐに発射したら笑われないの？　風俗嬢とどんな会話をすればいいの？　どんなパンツを履いていけばいいの？　ラブホテルって、どうやって入るの？　お金はいくらかかるの？

　ぼったくられないの？　性病って怖くないの？　どんなプレイをすればいいの？

……考えれば考えるほど腰が引け、今夜もパソコンの前で無料アダルト無修正動画でひとり上手……。
　あぁ、でもやっぱりセックスがしたい。
　どこへ行っても人間関係が築けない重度のコミュ障男子たちでも、お金さえ支払えば女体に触れるのです。アソコがガン見できるんです。セックスがしたいのなら風俗です。
　よし、風俗へ行こう。
　敵を知るには己から。自分はどんな風俗店に行きたいのか、どんなプレイがしたいのか……。風俗店へ行くなら風俗への正しい情報は絶対の必要条件。下調べなくして心の余裕なし。
　基礎を知れば応用がきくように、知識は知恵を生み出す。風俗がオレを呼んでいる。
　風俗１年生のみなさんが安心して風俗へ行けるようにと切に願ってこの書籍を出版しました。
　３０年以上風俗店に通い続けた風俗体験取材漫画家、風俗ライターたちが日々、お客のニーズに合わせ変化を遂げる風俗を徹底的に取材してまいりました。

　そうだ、風俗へ行こう！

風俗の教科書 1年生 Contents

はじめに …… 003

PART 1
そうだ、風俗に行こう！ …… 007

風俗ってどんな人が行くの？ …… 008
どんな風俗店があるの？ …… 011
お店選び …… 013
予約の方法 …… 016
風俗店の料金 …… 018
オプションについて …… 027
性病について …… 030
緊張して勃たなくなった …… 034
ラブホテルの入り方 …… 040
風俗嬢に嫌われるキーワード …… 045
どんな話をすればいいの？ …… 048

風俗の教科書 1年生 Contents

- PART 2　ソープランド　…… 053
- PART 3　デリヘル　…… 063
- PART 4　M性感　…… 071
- PART 5　ニューハーフ・男の娘　…… 081
- PART 6　ピンサロ　…… 089
- PART 7　ヘルス　…… 097
- PART 8　フェチ系　…… 103
- PART 9　出会い系・三行広告　…… 115
- PART10　ハプニングバー・SMクラブ　…… 125
- PART11　立ちんぼ・ちょんの間　…… 135

おわりに　…… 142

PART 1
そうだ、
風俗に行こう！

どんなお店があるの？ ラブホテルの入り方は？
料金はどのくらいかかるの？ 性病が怖くない？
気になる疑問を徹底解説！

PART 1 そうだ、風俗に行こう！

風俗って、どんな人が行くの？

『月イチ妻子持ちのお客さんが一番多いです』

　風俗嬢によれば、ごくごく普通の生真面目お父さんたちが一番、風俗を利用しているそうです。過去に５００名以上の風俗嬢を取材したときにいちばん多かった声です。
　月イチ風俗通い、通称「風イチくん」。
　妻子のために一生懸命働くお父さん。年間２万５０００人以上の自殺者を出しているストレス王国日本（アメリカでの銃の犠牲者が年間１万人、銃での自殺者が年間２万人）。
　月のおこずかい３万円と言われているお父さんたちの日ごろのストレス発散解消法といえば、太古の昔から酒、ギャンブル、女……。
　某市場調査によると、ソープランド、約９８００億円、ヘルス・イメクラ、約６７００億円、ピンサロ、約６５００億円、デリヘル、約２兆４０００億円。
　一方、ブライダル市場、約２兆７０００万円、出版市場、約９０００億円……いかに風俗産業の利用者が多いのかわかる（ちなみにキャバクラは約９９００億円）。
　そんな風イチくんに昨今、変化が起きている。不況のご時世でお父さんたちのおこずかいが激減、風俗通いは夢のまた夢。そんなジリ貧父さんたちをしり目に風イチくんの代名詞になりつつあるのが、幕張あたりで中国人もビックリの爆買をみせるオタク系男子だそうです。

　また風俗嬢の話によれば恋愛経験が少なく性癖にこだわり

を持ったお客が増えているのを実感しているそうです。実際に風俗業界も細分化、専門化し、さらにマニアックになっているのが現状です。

　仕事帰り、気心知れた仲間たちと風俗へ行って男同士の絆を深めるなんて関係は昭和の遺産。
　ひとりカラオケ、ひとり飲み、ひとり焼き肉、ひとり映画、なにやらおひとりさま風俗がブーム……？
　お金、仲間、恋愛、家族よりもひとりの時間を大切にする人たちが激増しているのかもしれません。

PART 1 そうだ、風俗に行こう！

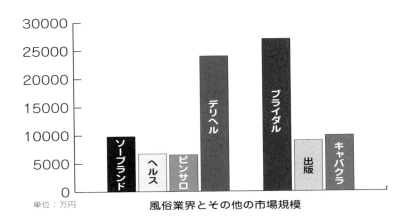

風俗業界とその他の市場規模

PART 1 そうだ、風俗に行こう!

「風俗へ行った人たちのSNSを見たのがきっかけでした。友だちはいないのでひとりで風俗に行きました。それ以来、風イチくんです。10日ほど断射をして風俗へ行くのですが……、最近、夢精する快感にも目覚めています(照笑)」
(Sさん　36歳　教育関係　未婚)

「自分の容姿を知りすぎているから学生時代から女の子には積極的にはなれませんでした。しかし人一倍エッチには興味がありました。クラスメイトの女子とすれ違うだけで毛穴から精子が噴出すんじゃないかと思われるほど異性をエッチの対象として見ていました。20歳を過ぎたころから一度、風俗へ行ってみたいという気持ちが日増しに大きくなっていきましたが、、ネットで風俗店のHPを見るのが精一杯でした。朝起きて仕事に行って帰宅して自慰をするだけ毎日で、なんとかこのつまらない日常を変えたくてあせっていました。チンコを女性器に突っ込めばきっと目の前の風景が変わると、日々漠然と思っていました。あと数日で30歳になるという9月にしてはまだ蒸し暑かった日の夕方です。ついに我慢できず、いつかのために用意していたタンス預金を鷲掴みにして部屋を跳び出し、風俗デビューしました。……変わりましたね。いや、変わらなかったかもしれないけど大人になりすぎて日々のドキドキがなかったけど、風俗へ通うようになり、またドキドキしている自分に出会えて本当によかったと思っています」
(32歳　フリーター　未婚)

どんな風俗店があるの？

『ぼったくりをするいかがわしいお店ばかりじゃないの？』

　日本ほど性癖、テクニック、プレイ、サービスなど細分化、専門化された風俗店が立ち並ぶ国はあるのでしょうか？
　MANGA、KAWAIIよりも世界的な言葉として浸透しているのが「HENTAI」だというのもうなずけます。
　余談だが、日本ではオタク文化が浸透しているように報道があるフランスでも在住している編集者によれば、フランス人にとって漫画はまだまだマニアックなもので日本関連で売れている書籍といえば、タトゥーに入れる漢字関連、日本食に関する書籍の売れ行きが好調だそうです。日本の有名な漫画のハリウッド実写化という話も実際に関わっているのはオーストラリア、中国、韓国などというのも少し残念である（「アリタ：バトル・エンジェル（銃夢）」「ゴースト・イン・ザ・シェル（攻殻機動隊）」「ソウルリヴァイヴァー」に期待したい）。……と漫画の話は置いといて。
　それでは早速、どんなお店があるのか見てみましょう。

● 大まかなジャンル分け

・手軽さ、短時間重視
ピンサロ、ちょんの間、オナクラ、ヘルスなど
・テクニック、サービス重視
ソープランド、回春マッサージなど
・疑似恋愛、会話重視

PART 1 そうだ、風俗に行こう！

デリヘル、イメクラ、出会い系、デートクラブなど
・ゲーム、ギャンブル性あり
マジックミラーヘルス、のぞき部屋、ラッキーホールなど
・多人数、乱交
ハプニングバー、ソープランド（３Ｐ）など
・フェチ、マニア
Ｍ性感、ＳＭ、フェチ系、放尿系、ニューハーフ、男の娘、女装系、ドールデリバリー、ロボットデリヘル、催眠術マッサージ、デブ専など
・非射精、寸止め風俗
おっパブ、セクキャバなど

　お客の利用目的によってお店ごとのサービス内容が違います。
　恋人気分でセックスしたいのか、短時間にピュッと射精がしたいのか、童貞を捨てたいのか、女の子にいじめられたいのか、いじめたいのか、女装がしたいのか……
　需要と供給、お客がいなければ風俗店は成り立ちません。変態はあなただけではありません。
　紙芝居、貸本、絵物語、コマ割り漫画、そして今は電子書籍、モーションコミックのように漫画も進化しているように風俗も進化しているのです。

お店選び

『どの情報を信じれば安心のいくお店選びが出来るの？』

　お店選びは、ネット（口コミ）、スポーツ新聞、成人雑誌、風俗案内所などを参考にするのがいいと思います（初心者は路上での呼びこみは注意した方がいいでしょう。いきなり高額を請求するお店に連れていかれることもあります）。
　予約を入れる前に大切なことは、まずそのお店を知ることです。
　今では大抵のお店がホームページを持っているので、ネットが最も便利です。

●ホームページから見る安心なお店

・シンプルで料金設定がわかりやすい。
・複雑なオプション設定がない。
・定期的に更新がされている。
・女の子、ニューハーフたちの性感染症チェックが正しく行われていることを周知している（費用がお店側だとわかればさらにいい）。

　……などを参考にして安心したお店選びをしてみてください。
　またお店のホームページには女の子一覧、プレイ内容、料金など細かく書かれています。
　ご存知の方も多いと思いますが、女の子の容姿はほぼ加工

PART 1 そうだ、風俗に行こう！

してあります（書き方はよくないかもしれませんが、PR目的なので俳優のブロマイドやレストランのメニュー写真だと考えましょう）。

　もし、どうしても絶対に容姿重視というならば、紹介動画のあるお店をお勧めします。顔は撮影されていませんが、ボディはしっかりとわかると思います。

　それから女の子のプロフィールや出来るプレイ、性感帯などもお店側が勝手に書くことがあるので参考程度がいいと思います。

　かつて筆者は、お店のホームページから女の子のPR記事「性感帯は小さな耳」というカキコミを信じ、プレイ中、彼女の耳をソフトに舐めたら「気持ち悪いからやめて」と、叱られてしまいました（ただ単にテクがなかったのかもしれませんが……）。

　時間に余裕があれば、風俗嬢のブログも見ると参考になります。容姿だけでは判断できない好きという感情に巡り合えるかもしれません。好きなテレビ番組や映画、好きな本、漫画のことなども書かれていることなどもあり共通の話題が見つかるかもしれません。

　ただし最近はブログなどはスタッフが書いている場合も少なくなく、写メ日記をよく見ているという風俗ファンは多いです。

PART 1 そうだ、風俗に行こう！

「お店のホームページでは女の子たちに目線が入っているけど、受付では目線が入っていないことが多い。しかし受付で見せられる顔写真も目線が入っている女の子がいる。……オーナーの話によれば『受付でも目線が入っている子は、ほぼ地元の女性。うちのお店は人妻系で、彼女たちの子供の担任だった教師とバッタリなんてケースがたまにあるんですよ。教師は○○が多いからあとあと面倒なんですよね』だって」
（Aさん　４５歳　ライター　未婚）

「風俗店は大きく分けると店舗型と無店舗、ラブホに移動するデリヘル……、店舗を構えているソープ、ヘルス……と別れる。店舗だと女の子が外に出ないから、すぐ脱げるような恰好をしていて、すぐ脱いじゃうから味気ない。それに比べデリヘルなど移動する場合は女の子が私服の場合が多く、脱ぐ、脱がすのが最高に萌える。オレはここ３年、デリヘル一筋だね」
（Nさん　２８歳　公務員　既婚）

「彼女を作ればお金がかかる。結婚して子供を育て大学まで出せばひとり３千万。生きているだけでも心配事だらけなのに、家族が増えれば、妻、子供、さらには孫……、これ以上心配事なんか出来たら、生きていく自信なんてありません。一部の生まれ持っての勝ち組たちの仕組まれた競争なんかに乗ったら身体を壊すだけです。自分のしたいことだけをします。日々のオナニー、月イチ風俗で十分です。恋愛なんてとっくの昔に私の中では死語ですよ」
（Kさん　４４歳　ＩＴ関係　未婚）

そうだ、風俗に行こう！

予約の方法

『どんなふうにお店に電話を掛けて、予約をすればいいの？』

　ソープランドやデリヘルなど予約が必要なお店があります。お店のＨＰからネット予約もできるお店もあるのですが、直接、お店に電話を入れることをお勧めします。

　電話先のスタッフ、店員さんの対応でお店の雰囲気がわかります。良心的なお店なら丁寧な対応、わかりやすい説明をしてくれるはずです。風俗初体験なら、はじめに「はじめてです」と言ったほうがいいでしょう。

　不況のご時世、お店側としては新規顧客は大歓迎。わからないことがあればどんどん質問してみましょう。

　お店のＨＰから女の子を指名することも出来ます（指名には約２０００円ほどの料金がかかります）。指名料と本指名料でも料金が違います。

　指名料とは写真（ネット）を見て指名すること。本指名料は一度、お店に行ってお相手したことのある女の子をリピート指名すること。

　本指名料の方が少し割高ですが、「あなた目当てに来ましたよ」というご指名なので女の子に喜ばれることは間違いなしです。

　お店のＨＰにはよく割引券がついていたりしますから、スマホで撮影したり、印刷したりしてお店の受付に見せましょう。おトクです。

PART 1 そうだ、風俗に行こう！

「その昔、フリーで入店したヘルス。店員に勧められた女の子がモロオレタイプ。個室での会話も大盛り上がりでプレイも最高。すっかりオキニになってしまって、１週間後、彼女を指名して行ったら、彼女『はじめまして』だって。……人気店の人気嬢か知らないけど、そのとき彼女への愛が一気に覚めたね。しかしヘルスやおっパブなど激安店だとお客が長蛇の列で道路まで並んでいることがあるじゃない。最近、４０歳になって女の子たちのうっかりを笑い飛ばせるようになったんだよね。人気の風俗店ではよくあることだよ」
（Ｋさん　４０歳　営業職　既婚）

　漫画家先生には２種類、アシスタントを個人会社として絶対に必要な社員、スタッフと考えている人と、プロの原稿のお手伝いが出来るのだから不眠不休低賃金で働け、嫌ならデビューしろという考えの人がいると体験上思います。私が某売れっ子漫画家先生のアシスタントをしていたときの話です。主要人物は先生がペンを入れ、背景、スクリーントーン、ベタ塗り、仕上げは３名のアシスタントが行っていました。主要人物のペン入れが終われば、先生は別部屋で爆睡。仕上げが終わる頃に先生を起こしに行きＯＫをいただければ、アシスタントは貫徹から解放され帰宅できます。先生はアシスタントが帰宅の準備を始めている目の前で、毎週、オキニのソープランド嬢に予約をとっていました。ソープランド嬢にはかなり貢いでいたようです。ちなみに３０年ほど前、毎週３日間泊まり込みで、休日が月１、２日で給料６万円でした。私も先生のように毎週、高級ソープの常連客になりたかったのですが、現在、月イチピンサロが限界です。
（Ｎさん　５３歳　漫画家　未婚）

PART 1 そうだ、風俗に行こう！

風俗店の料金

『風俗店の料金がバラバラでわかりづらいので全国的平均を教えて』

　風俗店の料金はひと言でいえばピンキリです。例えばソープランドでも女の子、時間、場所などの違いによって２万円もあれば、５万円もあります（バブル時、筆者は取材で１２０分１０万円のソープランドに行きました。自腹では絶対に行けません）。
　とりあえず、参考程度にジャンル別に料金を上げてみよう。

※お店によっては入会金、指名料がかかる場合があり両方とも１０００円〜（ただし入会金は常にサービス期間中で無料なんてお店も少なくない）。

・ピンサロ
　３０分３０００円〜
　早い時間帯ほど安く、閉店時間が近づくと高くなる。学生割引、団体割引があるお店も多い。

・ファッションヘルス
　４５分７０００円〜
　店舗型は大手グループの管理が行き届いているので安心して遊べる。初心者向けでもある。

・オナクラ
　２０分２０００円〜
　レンタルルームを使用する場合が多い（５０分１８００円

〜）。昨今ではお客の性癖に合わせパックコース、オプションコースの数が多い。

・連れ出しパブ（連れ出しスナック）

　６０分２万５０００円〜

　泊まり４万円〜

　（飲み代、ラブホテル代、お店によっては連れ出し料がかかります）

　お店から女の子を連れ出してラブホテルで遊べる風俗。昨今は中国人の女性が多く、中国人パブとも言われている。

・立ちんぼ

　プレイ時間２０分１万前後〜

　ラブホテル代３５００円〜

　駐車場などの物影でフェラのみをワンコイン５００円でしてくれるおばちゃんもいた。昨今、１０代の女の子もいて社会問題にもなった。

・ちょんの間

　プレイ時間１５分１万前後〜

　遊郭のようなお店が軒を連ねていて一軒、一軒のお店に女の子がいるので、実物を見て決められる。

・ハプニングバー

　入会金　単独男性２０００円〜５０００円程度、単独女性無料〜１０００円程度、カップル２０００円〜５０００円程度

　入店料　５時間飲み放題フリーの場合　単独男性１万円前

後、単独女性無料〜１０００円程度、カップル８０００円前後
　様々な性癖を持った素人同士の出会いを提供している場所。昨今は女装の方は一律１０００円引きになっているお店も多い。会員制も多くはじめての入店では身分所提示を求められる場合もあり。

・ホテトル
　６０分１万２０００円〜
　ラブホテル代３５００円〜
　ホテトルとはホテルとトルコ風呂の略称。つまりホテルでトルコ風呂（本番ができる）という意味です。ちなみにトルコ風呂（現在はソープランド）は表向きは特殊浴場（自由恋愛の場所）ということで警察からの許可を受け営業していますがホテトルは違法です。デリヘルは本番行為ＮＧで許可が下りています。その昔は、電話ボックスに連絡先を書いたチラシが無数に貼られていたり、白昼、堂々と強引な呼び込みが問題になっていました。現在はネットにもあまり情報はなく、口コミ、呼び込み情報が主です。

・本サロ
　３０分１万円〜
　本番が出来るサロン「本サロ」。もちろん裏風俗です。多種多様の風俗経験者の女の子が多いのも特徴です。かつては埼玉県西川口はＮＫ流といって人気の本サロ地域だったが、２００４年、当時、石原都知事が行った歌舞伎町浄化作戦が埼玉まで飛び火、非合法な風俗店は壊滅状態となった。

・イメクラ

　４０分１万円～

　無店舗の場合、ラブホテル代３５００円～

　イメージクラブ、通称「イメクラ」。１０代、２０代の女の子が中心で様々なコスプレで接客してくれる。シチュエーション重視でフィニッシュはフェラだけが多い。

・М性感エステ、マッサージ

　６０分１万６０００円～

　無店舗の場合、ラブホテル代３５００円～

　前立腺マッサージ、アナル責めとМ気質のある男性客向き。女性は基本、全裸にはなりません。女性へのタッチもＮＧのお店も少なくない。

・ニューハーフヘルス

　６０分１万６０００円～

　（延長３０分ごと６０００円前後）

　指名料２０００円前後

　外見は女性だが、チンコがついている男性（ニューハーフ）が男性客に性的サービスを行う。戸籍上は男性による接客なので風営届けが不要でニューハーフ風俗は風俗店ではありませんが、人気のためニューハーフ風俗としてソープランド、デリヘルなどとともにジャンルが確立している。

・ドールデリバリー

　ラブドール単体　６０分１万２０００円～

　ラブホテル代３５００円～

PART 1　そうだ、風俗に行こう！

そうだ、風俗に行こう！

触った感触はまさに生身の人のようなシリコン製で、一体６０万以上の等身大の高級ラブドールを派遣してくれる。昨今では自ら用意した衣装を着させ写真撮影をするお客が多い。

・デリヘル
　６０分１５０００円〜
　ラブホテル代３５００円〜
　急成長した風俗。店舗を持たないので初期投資が少ないため、店舗型風俗経営者、さらには脱サラ起業家、大手風俗店グループなどもこぞってデリヘル市場に参入。いまでは全国４７都道府県、どこにでもあると言われている。そのためサービスの過激化、激安店が増加。すでに淘汰がはじまったとも言われている。

・ソープランド
　店員に支払う入浴料と女の子に支払うサービス料があります（総額）
　高級店（６万円〜）中級店（３万〜６万）
　大衆店（３万未満）駅前店（４０分１万前後〜）
　唯一、半ば公認されている本番行為が認められている性風俗業種。女の子たちもプロ意識が高くマットプレイ、スケベ椅子洗い、壺洗い、たわし洗い、潜望鏡などとソープランドならではのサービスを楽しめる。

・援デリ
　２時間１万５０００円〜

ラブホテル代３５００円〜

出会い系ネット掲示板や出会い系ＳＮＳなどを利用して売春目的でメールのやり取りをすること。ぼったくられる確率も高いので要注意。

★非射精風俗店
『性病が絶対に怖いので風俗に行きたくないけど、女の子とエロい会話がしたい、女の子のおっぱいを触りたい、射精を見られたい……』

・ＪＫリフレ
　３０分２０００円〜

現役女子高生から２０代女性が膝枕、耳かき、足踏み、マッサージ、添い寝、ビンタ、秋葉原観光案内などをしてくれるお店（１８歳未満在籍不可のお店激増。１８歳はＯＫだけど１８歳現役女子高生はＮＧらしい）。

メイド喫茶に代わり２００６年ごろから秋葉原を中心に盛り上がっていて摘発も多い。ＪＫリフレ、全国的に拡大中。

・ガールズバー
　３０分〜１２０分がワンセットの時間制
　基本セット　３０分２０００円〜
　　　　　　　１２０分９０００円〜

セット料、テーブル料金なのどのチャージが時間制で延長料金が発生、さらに女の子のドリンク代が別途にかかる（飲ませないと女の子はその場を離れます）。
チャージ料については安いところで１０００円〜、高いとこ

そうだ、風俗に行こう!

ろは5000円〜、ぼったくりも少なくないのでご注意を。

・おっパブ
　30分4000円〜
　指名料2000円〜
　ドリンク料1000円〜

・セクキャバ
　40分5000円〜
　指名料2000円
　ドリンク料1000円〜
　おっパブ、セクキャバは基本同じです。

　料金も同じく、早朝から夕方、夕方以降では同じ時間でも料金は違います（夕方以降のほうが1000円ほど高くなります）。

　基本は露出の激しい衣装を着た女の子がお客に跨ってキスしたり、身体を触らせたり、イチャイチャしながらお酒が飲めるお店です。10分〜15分で別の女の子と交代。時間内に三回転が基本です。女の子がフェラや手コキで抜いてくれるサービスはありません。お客が女の子の下半身を触るのもNGです（お店によってサービス内容が違います）。

　※気を付けないといけないのは料金後払いのお店です。

・ストリップ
　入場料5000円前後（学割、シルバー割、女性割、カップル割あり）
　11時30分ごろから夜23時最終ステージ。

1度入店すれば最終ステージまで居られます。1回約100分ステージで20分ほど休憩。約1日5回ステージ。音楽に合わせて女性が服を脱いでいくショー。

●ストリップ用語
・ポラロイドショー
　最近はお店のデジカメで撮影して引換券をもらってテケツ（受付）で印刷した映像を受け取ります。1枚1000円前後。
・まな板ショー
　ステージ上で踊り子さんと本番行為ができる。踊り子さんに3000円前後を支払う。希望客が多いとジャンケンになる。
・入れポン出しポン
　客席のお客にバイブを握らせ、座席の上を歩きながらお客の前で踊り子さんが股を開き性器にバイブを出し入れさせる。
・素人大会
　プロの踊り子ではなく、女子大生などの素人が十人程度同時にステージに上がる。
・タッチショー
　踊り子さんたちの身体にタッチができる。
　ストリップではお客を楽しませるためにただ踊り子さんが脱ぐだけではなく、いろいろなショーが用意されています。

そうだ、風俗に行こう！

●風俗店の業態とだいたいのお値段

業態	だいたいの値段	備考欄
ピンサロ	30分 3,000円〜	
ファッションヘルス	45分 7,000円〜	
オナクラ	20分 2,000円〜	
連れ出しパブ	60分 25,000円〜	泊まり 40,000円〜
立ちんぼ	20分 10,000円〜	ラブホテル 3,500円〜
ちょんの間	15分 10,000円〜	
ハプニングバー	5時間 10,000円〜	
ホテトル	60分 12,000円〜	ラブホテル 3,500円〜
本サロ	30分 10,000円〜	
イメクラ	40分 10,000円〜	ラブホテル 3,500円〜
M性感エステ	60分 16,000円〜	ラブホテル 3,500円〜
ニューハーフヘルス	60分 16,000円〜	
ドールデリバリー	60分 12,000円〜	ラブホテル 3,500円〜
デリヘル	60分 15,000円〜	ラブホテル 3,500円〜
ソープランド	40分 10,000円〜	入浴料＋サービス料
援デリ	2時間 15,000円〜	ラブホテル 3,500円〜
JKリフレ	30分 2,000円〜	
ガールズバー	30分 2,000円〜	120分 9,000円〜
おっパブ	30分 4,000円〜	ドリンク料 1,000円〜
セクキャバ	40分 5,000円〜	ドリンク料 1,000円〜
ストリップ	入場料 5,000円〜	

オプションについて

『電マの使い方がわかりません……』

　基本料金を支払い、基本サービスを受ける以外に、さらにHな雰囲気を楽しむためにオプション代を支払い電マ、ローター、目隠し、コスプレなどを楽しめるお店がたくさんあります。

　オプション例（基本、お店側が用意してくれます）。
・女の子にコスプレをしてもらう
・お客がコスプレをする
・パンストを履く、破る
・ローター、電マ、バイブ、ペニスバンドなど責め道具を使用
・手錠、足枷、猿轡、アイマスクなどを拘束器具を使用
・放尿、かけてもらう、持ち帰れる
・写真撮影、動画撮影
・顔射
・パンティー持ち帰り
　など、など……

「最近は交通網が便利になったので、交通費２０００円以上かかっても足を運んでくれるお客が激増しているんです。だから都心から離れたうちの場合、オプションはすべて無料にしているんです」
（Ｓ県の風俗店オーナー）

PART 1 そうだ、風俗に行こう！

　５００円を支払えば使い放題なんてお店もあります。さらに時間的に１２０分コース以上を選ぶと無料になるお店もあります。

・電マ
　２００６年にはアダルトグッズ売上ナンバー１にもなってしまった（？）本来、振動、バイブレーションによって身体のコリを癒すマッサージ機として発売されていた電動マッサージ、通称「電マ」。
　なぜ、そこまで女性に愛されたのか？
　アダルトビデオの影響が大きいのはもちろんだが、成人雑誌に関わっている女性編集者の話では「ローターでは小さなポイントしか伝わらず一番気持ちのいいトコロの性感帯を外れるケースがあるが、電マなら範囲が広いため局部に当てただけで感じてイケるのよ」だそうです。と、いわれてもはじめての風俗で電マを手にしてもどこに？　どのぐらいの力加減で？　どれぐらいの時間かければいいのか？　さっぱりわからない。
（アダルトビデオは視聴者を興奮させるのが目的なのでＡＶ男優のプレイは実戦向きではないとのこと）。
　風俗嬢たちの話では電マを直接、乳首、局部に押し当てるのは思った以上に痛く、絶対にＮＧ。局部にタオル１枚当てて電マを当てるぐらいがちょうどいいそうです。
　上手な電マ使い客ともなると自分の二本指をクリに置き、二本指に電マを当てるとか……。
　とにかく道具を使用する場合は女性の気持ちになって女性の話を聞いて楽しくプレイしたほうがいいようです。

・聖水

　彼女や妻には「おしっこしているところ見せて」なんて言えないけど女の子のおしっこに興味を持っている男子は多いはず（でなければ、こんなに多くの聖水専門店の風俗が乱立しない）。人生を面白くする好奇心、踏み外してわかる遊び心。

　元々はＳＭクラブで行われていたサービスだったのが、デリヘルにオプションとし登場し、さらに聖水専門店まで拡大していった人気サービスである。昨今ではデリヘル、イメクラ、オナクラなど多くの風俗店のオプションに必ず、聖水はある。と、いっても聖水の楽しみ方はお客次第……。

　飲尿できなくても、女の子のおしっこしているところを見るだけでもＯＫなんです。

　意外に多いのは、お客はバスルームで腰を下ろし、チンコに聖水をかけてもらいながらの自慰行為を女の子に見られるプレイ。

　強者ともなると喉を鳴らしながらの一滴もこぼさず飲尿。

　余談だが風俗嬢の話によれば、ある有名お笑いタレントは聖水で顔を洗うのが好きだったようです。

　２０年前には、お客の前でおしっこをするという行為に、ほとんどの女の子（ときとしてＳＭの女王様でさえ）が恥かしい表情を浮かべたものですが、昨今では「飲める？」なんて慣れた会話から、恥じらいもなく楽しんでお客に聖水をぶっかけている女の子が多いです。ちなみに風俗嬢とのツレションプレイも粋なものです。

PART 1 そうだ、風俗に行こう！

性病について

『ネットのカキコミを見ると風俗＝性病って、よく書かれているけど、本当のところはどうなんですか？』

　風俗へ行かない人が行かない理由としてあげるのは、多くの男性と性交渉を持つ風俗嬢の性病に関する噂ではないでしょうか……。

　多くのお店側の情報によれば、女の子たちには定期検査（性病検査）を受けさせています。食品関係の方々が毎週、検便検査をしているように……、とのことですが……。

　井戸水を使っているお店のシャワーのお湯がヒリヒリするなんて、ネット上にカキコミがあるだけで客足が遠のいてしまう昨今。
お店側もお客に安心して遊んでもらうために女の子たちには細心の注意をはらっているようですが、やはりリスクはあるようです。

　そこでお客側も風俗でかかる主な感染症について少しは知っておきましょう。

「ヘルペス」
　性器、または口の周りにかゆみ、痛み、水泡ができるといった症状が現れます。ほとんどの人がヘルペスウィルスを保有していてストレス、体調不良、風邪を引いている場合などに風俗へ行かなくても発症することがあるそうです（体調の悪い日に風俗へ行くのは絶対にＮＧ）。

「クラミジア」
　男女とも自覚症状がなく日本で感染者が一番多い性感染症と言われています。少しでも排尿の際、痛み、痒みがあれば病院での検査をお勧めします。また昨今、問題視されているのは、口内喉クラミジア。
口での性器の愛撫などによる喉への感染が１０代の女の子に激増しているとのネット情報も出ています。

「ケジラミ」
　人間の毛に寄生するシラミの感染症です。ケジラミは体長１、２ミリで毛の毛根あたりにフケのようにはりついているので肉眼でも見えます。風俗だけではなく、大衆浴場などでも不衛生なタオルを使ったりするだけでも感染する場合もあります。

「淋病」
　淋菌が原因で発症する性感染症。男性は尿道炎、女性は子宮頸管炎（けいかんえん）を引き起こします。まれに自覚症状がないこともあり、治療をせず放置しておくと男性は無精子症になったりすることもあります。

「梅毒」
　梅毒トレポネーマという病原菌によって感染する病気で、口の周りに怪我をしていてキスだけで感染することもあるそうです。昔は死に至る病気でしたが、１９２９年に特効薬の抗生物質ペニシリンが発見されてからは完治させることができるようになりました。

PART 1 そうだ、風俗に行こう！

そうだ、風俗に行こう！

「HIV」
　正式名はヒト免疫不全ウイルス。
人に感染すると人が持っている免疫力を低下させてしまうウイルスです。感染経路は粘膜や傷口かたの性行為感染、麻薬、覚せい剤の注射器のまわし打ちによる血液感染、感染している母から子へ、さらに授乳による母子感染と考えれています。現在も完治薬は見つかっていません。全国の保健所が無料でHIV検査を行っています。

　一般の男女の性行為でも感染する恐れはあります。風俗嬢たちのように定期的に性病検査をして、しっかり健康管理をしましょう。

「性病に感染したら・・・。」
※性器に違和感があればすぐに医者に行くことをお勧めしますが、参考までに。

・薬品名「ゾビラックス」ヘルペス感染症に効果。
・薬品名「アモキシリン」梅毒や淋病に効果。
・薬品名「シプロックス」淋病、膀胱炎、リンパ節炎などに効果。
・薬品名「レボフロックス」クラミジア、淋病、前立腺炎などに効果。

などがあり、市販やネットで購入できます。

PART 1 そうだ、風俗に行こう！

「風俗嬢は定期検査があるから大丈夫だけど、合コンやナンパでホイホイついてくる女子の口内喉クラミジアは確かに多いね。オレなんて、何度、クラミジアにかかったことか……。最近なんて、オシッコするときに違和感を感じたり、オナニーをしたあと拭き忘れたような違和感があれば、速攻、病院に駆け込んでいるよ」
（Ｓさん　３３歳　自称ナンパライター　未婚）

「パイチン最強！　それから絶対に体調の悪いとき行ってはダメ。おかげで体験取材歴２８年間１度も性病にかかっていません。……徹夜明けなんてもってのほか。某出版社の編集者はいつも取材日が徹夜明けで、１週間後には決まって『チンコ痛い』って言ってますね」
（Ｎさん　５５歳　風俗体験取材漫画家　未婚）

※パイチンとは男性が陰毛をキレイさっぱり処理すること。

「オレの場合、軍人式性病予防をしている。プレイ終了直後、最寄りの駅前トイレで包茎の皮を伸ばし、尿道口を包むように先端を指でつまみ、皮の中に放尿……。亀頭を包んだ皮の中でおしっこが少し風船のように膨らんだら、先端の皮をつまんでいた指を放す。ようするに亀頭を尿で丸洗い。まさに一瞬の出来事だが、これだけでも性病予防になるそうで、毎回、やっている。そのおかげかわからないけど風俗通い１４年、一度も性病に感染したことはない。ありがとう包茎」
（Ｕさん　４１歳　営業関係　既婚）

PART 1 そうだ、風俗に行こう！

緊張して勃たたなくなった

『エッチがしたいけど女の子を前にしたら緊張して勃起する勇気がありません、どうしたらいいの？』

　成人男子、２０代でも全裸の女性を前にしていざとなったら勃たない、中折れなんてこともよくあること。
　恋人、セフレ、妻の前ならいざ知らず、高額を支払った女の子を前に勃たないなんて、まさに踏んだり蹴ったりである。
　原因は一体何だ？　オナニーのし過ぎなのか……。女性を前に緊張し過ぎなのか……。すぐにイッちゃったら……、上手くＨが出来ないなどと頭で考え過ぎなのか……。原因は個人差もあるが、不安、ストレスなどメンタル面が大きいような気がする。
　またこんな意見もある。チンコは男にとって攻撃力のシンボル。シンボルが下を向くということは攻撃的ではないということ。つまり優しすぎる男は生まれ持ってチンコの勃ちが悪いのでは……と。どちらにしてもお金を払って気持ちよく射精をするために風俗店に足を運んだのに勃起もしないなんて一体、どういうこと？
　……悲しすぎる。どうすればプレイ前にへそ下まで反りかえるほどのカチカチくんになれるのか？　なぜ勃起しないのか原因と解決法を考えてみよう。

・オナニーのし過ぎ。
　毎日していたのを週イチにする。乾いた手ばかりで手軽にチンコをシゴいていると、常に濡れている女性器ではイケな

くなる。

・緊張し過ぎ。
　はっきり女の子の前で「緊張しちゃって」と言って、プレイを中断してもらい、ひと呼吸してリラックス。ただし風俗ではプレイ時間が決められるのでさらに焦って緊張するかも……。時間を延長すると、また料金がかかってしまうので、さらにストレスになるかも。

・プレイに集中出来ない。
　とにかくプレイ中はＨなことだけを考える。長時間の手コキ、フェラは女の子たちもハードなのであからさまにイヤな顔をすることもあるので要注意。風俗では遅漏は嫌がられますが早漏は好かれます。

・前日に２発抜いている。
　最悪なのは３回もオナニーした翌日に知人からのお誘い風俗。やっぱり風俗はひとりでムラムラしたときに行くのがいい。

・興奮しない。
　本人がドＭなのにぽっちゃり甘えん坊女子ばかりの風俗店に行ったのでは、まさに守りが強固で攻撃力ゼロの軍隊同士が戦っているようなもので、お互いオロオロするばかり。自分の性癖にあった風俗店を選ぶ。
　……言葉ではわかっているけど、やはり実際に風俗嬢を目の前にすれば、やはり緊張、ストレスで勃たないなんて誰に

PART 1 そうだ、風俗に行こう！

PART 1 そうだ、風俗に行こう！

でもよくある話。リラックス！

・精力アップに欧米の漬物「ザワークラフト」

　勃ちが悪いなと思ったら、食べ物にこだわるのも一つの手です。お勧めの精力アップレシピをご紹介。

　山芋、もずく、オクラなどのネバネバは精が出ると言われていますが、海外発、天然のバイアグラと言われているのが欧米の漬物「ザワークラフト」です。

　作り方はいたって簡単。

１、キャベツ一玉（１キロ）、芯と外葉を取り、少し太めに千切り（外葉、あとで使います）。
２、ボールに入れた千切りキャベツの中に粗塩２０グラム、スパイスであるキャラウェイシード５グラムを水分が出るまで軽くもむように混ぜます（出た水分、あとで使います）。
３、簡易漬物容器に中に、まずは千切りキャベツ、ローリエ１枚、種を取り除いた赤唐辛子１本、そしてもんだときに出たキャベツの水分を入れます。
４、一番上にキャベツの外葉をかぶせ、その上に重石を乗せ、冷暗所に置きます。
５、１日程度でキャベツの表面まで水分が上がります、水分、さらにはアクも出ますので、こまめに取り除いてください。
５、そしたら表面が空気に触れないようにサランラップでしっかりと覆いかぶせ、最初の重石より少し軽石を置き、もう一度、冷暗所へ……。
６、約１週間程度寝かせれば完成です。
食べるときは、よく絞ってください。（保存期間は約２週間）

ザワークラウトのほかにも！
男を絶倫にさせる10の食べ物

 1位　牡蠣

 2位　アボカド

 3位　セロリ

 4位　バナナ

 5位　チョコレート

 6位　ザクロ

 7位　アスパラガス

 8位　オート麦

 9位　赤ワイン・シャンパン

 10位　生姜

※ネット調べ

PART 1　そうだ、風俗に行こう！

PART 1 そうだ、風俗に行こう！

・薬を使う

　ほぼ間違いなく直立不動するである秘密兵器がある。それが勃起薬、ＥＤ治療薬。有名なところではバイアグラ、レビトラ、シアリス。

　専門医によれば、

・バイアグラは１９９８年、アメリカで最初に開発されたＥＤ治療薬。歴史が古く信頼度が高いといわれている。
１錠２５ｍｇ１３００円。
・レビトラは２００３年、ドイツで開発。バイアグラの欠点を補うために開発された即効性のあるＥＤ治療薬。
１錠１０ｍｇ１５００円。
・シリアスは２００３年、アメリカで開発。長時間効果があり、別名、ウィークエンドピルとも呼ばれている。長時間効果のため勃起力はマイルドだと言われている。
１錠１０ｍｇ１７００円。

　ちなみにすべて、飲めば即勃起するするという薬ではなく、飲んでからチンコに刺激を与えないと勃起はしません。たまに飲んだまま、まったく勃起しないので本当に自分はインポだとがっくり肩を落とす人もいるとか……。初診のとき、必ず、飲んだらチンコに刺激を与えてくださいとの医師の説明があります。

　２８年間以上風俗体験取材漫画家を続けていた筆者は４５歳当時から勃ちが悪くなりました。なかなかイカないとなると女の子たちが不機嫌になるのは目に見えていました。
　まずはネットで調べ、勃起薬、ＥＤ治療薬を購入できる都

PART 1 そうだ、風俗に行こう！

内のクリニックへ行きました。
　診察はとても簡単なものでした。
　診察室に通され、薬物のアレルギーなどないかを聞かれ、勃起薬、ＥＤ治療薬を使用するときの注意事項を声明を受け、受付で自分が欲しいだけ購入できるという仕組みでした。
　医者の話ではバイアグラはＨをする半日前ぐらいに飲んでから徐々に効いてくるタイプ。
　レビトラは飲んですぐ効く即効性タイプ。
　シリアスは２時間程度前で、持続性が高いそうです。どちらかというと一晩中タイプ。
　筆者は、即効性を重視して今もレビトラ一筋です。
　もちろん薬なので副作用、少し顔が火照ったり、頭痛、鼻詰まりの症状はでるようです（中でもシリアスは他の２つよりは出にくいそうです）。
　筆者も、多少なり顔の火照りなどは出ます。
　場所柄のせいか、２０代、ホスト系もよくクリニック内で見かけました。彼らに話を聞くと熟女相手だと思うように勃起しないので……という答えが返ってきました。
　若い人も勃起薬、ＥＤ治療薬に頼っているようですが、自分の健康状態と相談しながらご利用ください。

「ＡＶ男優の凄いところは反りが違うのよね。カチカチなんだけど、ただ硬いだけじゃなく……、とにかく反りなのよ（笑）。ＡＶ男優って、日頃からバランスよく精のつくものを食べているんだって。まさにスポーツ選手ね」
（Ｆさん　３３歳　ＡＶ女優＆風俗勤務　未婚）

PART 1 そうだ、風俗に行こう！

ラブホテルの入り方

『ラブホテルでオロオロしそうで入れません。背中を押してください』

　ラブホテルには大きく分けて2種類の形態があります。
・都心に多く見られる高層ビル建物のタワー型。
・高速道路を降りたところでよく見かける車で入っていくワンガレージ型。
　タワー型はフロントの前を通り、タッチパネルなどで部屋を選び、部屋に入っていきます。
　ワンガレージ型は駐車スペースに車を入れれば、すぐ上が部屋です。デルヘルなどでお店側がワンガレージ型ラブホテルを指定してきたら、駅前から車でラブホテルまで運んでくれる場合もあります。

　ここでは都心に多いタワー型のラブホテルの入り方を説明したいと思います。

　デリヘルで女の子を予約したらラブホテルへひとりで向かいます（駅前などで待ち合わせて女の子と一緒にラブホテルへ行くサービスもある）。
　ラブホテルの選択はお店側の指定されたラブホテルがいいと思います。ラブホテル街では、お客が指定したラブホテルの部屋を女の子が間違える事件がたまにあります（筆者も経験者です）。
　ラブホテルの入り口を入るとロビーには受付とお部屋の写

真が貼られたタッチパネルがあります。受付は無視して、タッチパネルの前に行きます。明かりがついている部屋が空室です。

たまに高額な部屋ばかりが空室で、金銭的にキツイなんていう場合は、ごくまれにあるのですが、立ち去ろうとすると格安の部屋が空室になることもあるそうです（笑）。

さらに、受付に「格安の部屋は空いていませんか？」と尋ねれば「今、清掃中なので、すぐに空きます」なんて返答をしてくれたりする場合もあります。

しかし、土、日曜日。とくにクリスマスやバレンタインなどの特別な日には、1日中部屋の空きはなく、SMルームでなんてこともあるのでご注意を（筆者経験済み）。

　お好きな部屋が決まればタッチパネルで部屋の写真をタッチ。下から部屋番号が書かれたカギが出ます。

　カギを持って、目の前にあるエレベーターに乗り込みます（たまにカギが落ちた瞬間にエレベーターの扉が開く良心的なラブホテルもあるので驚かないでください）。

　廊下を進み、部屋の前に来たら、すでにカギが解除してありますので勝手に入ります（1度入ったら、料金を精算しないと出られない所もありますので注意してください）。

　部屋に入ったら、お店に電話をして、自分が入室した部屋ナンバーをお店側に伝えます。

　部屋ナンバーを間違えないように伝えてください。

・ラブホテルの料金支払い方法

　昨今のラブホテルでは圧倒的に自動精算機での後払いが多いようです。

●後払い
・自動精算機
　客室内、多くは入り口付近に置かれていて、部屋を出るときに自動精算機の精算ボタンを押すと利用明細と利用金額が表示されるので、表示された金額を支払えば部屋のロックが解除される（クレジットカード支払い、ポイントカードの発行、割引の実施まで可能な自動精算機も少なくない）。

・フロント支払い
　部屋を出てラブホテルを出る前に、小窓のフロントに寄り料金を支払う。フロント前に空き部屋待ちのお客や、チェックアウト待ちをするお客などと顔を合わせる機会が多くなるので恥かしがり屋の方はご注意を。

・エアシューター
　部屋を出るときにフロントに帰ることを告げ、料金を確認すると客室内にある未来の瞬間移動装置のようなエアシューターからオナニーグッズのテンガのような筒が届く。そこにお金を入れ蓋を閉め、再びエアシューターに置くとフロントまで運んでくれる。お釣りがある場合は、またエアシューターで運んできてくれる。

・集金
　「帰ります」とフロントに電話を入れると客室までフロント係がやってきてお会計。フロント横の部屋には小窓があり、そこでお会計をするなんてカーホテルがある。

●前払い
　チェックインする前にフロントで前払いを済ますラブホテルもある。ルームサービスを利用したり、延長料金の差額が出た場合は退室後にフロントで支払う。
　（ちなみにデリヘルで多く利用するシティーホテル、レンタルルームなどはほとんどが前払い）

・ラブホテルの料金（ひとつの例です）
　　・ショートタイム１００分３５００円〜
　　早朝５時〜２４時
　　・休憩３時間６０００円〜
　　早朝５時〜２４時
　　・フリータイム６０００円
　　１部早朝５時〜１７時
　　２部お昼１２時〜１９時
　　・宿泊９０００円〜
　　１部２１時〜朝１１時
　　２部２４時〜お昼１時
　　延長３０分１０００円
　　（土、日、祝日などはプラス２０００円〜）

　　休憩時間３時間が基本料金です。（１時間、２時間もあり）

そうだ、風俗に行こう！

　延長は３０分ごとに追加料金が加算されます。（１５分、４５分、６０分もあり）
　休憩で入っても夜１２時を過ぎると宿泊料金に変更される場合も少なくない。
　サービスタイム（フリータイム、ノータイム）は○○時間〜○○時間までであれば何時に入っても、何時に出ても同じ料金。
　宿泊は○○時間〜○○時間までのご利用で○○円というのが基本です。指定時刻以降滞在すると休憩と同様に追加料金が加算されます。

ラブホテル利用料金一例

ショートタイム	100 分 5:00〜24:00	3,500 円
休憩	3 時間 5:00〜24:00	6,000 円
フリータイム	1 部 5:00〜17:00 2 部 12:00〜19:00	
宿泊	1 部 21:00〜11:00 2 部 24:00〜13:00	9,000 円
延長	30 分	1,000 円

※金・土・祝前日は宿泊料金＋2,000 円

風俗嬢に嫌われるキーワード

『風俗嬢に言ってはいけないこと、してはいけないことってなんですか？』

　喫茶店、サウナ、銭湯、ライブ会場……、様々な人とかかわる場所には人としてマナー、ルールが存在します。風俗嬢に嫌われないためにも風俗コミュニケーションを理解しましょう。

・**不潔客**
　中には臭いフェチな女の子もいて、隅々まで喜んで洗ってくれるなんてこともあるかもしれませんが、まず、爪伸び放題、鼻毛ボウボウなんてお客は待合室でスタッフに注意されます。実際に某漫画家は締め切りと取材日が重なり、徹夜明け、あわてて風俗店に駆け込んだら待合室でスタッフに爪伸び放題を注意され、その場で切らされました。

・**不能、遅漏**
　射精をしにお店に来たのに勃たたないとなると、女の子は時間いっぱいまで勃たたせるために口や手を動かしてなければなりません。中には嫌悪感が顔にでる子もいます。緊張したりしても勃たたないなんてことはよくあることなので体調のいい日にリラックスして楽しむのが一番だと思います。

・**ガツガツ男**
　どういう基準なのかわかりませんが、支払った料金分、元

PART 1 そうだ、風俗に行こう！

を取ろうとする客。風俗嬢の話によれば、「もう少し２万円分の舐め方をしてよ」なんて言ってくるお客もいるそうです。

・ＡＶ男

　１００人近くのＡＶ女優たちの履歴書漫画に関わった編集者によれば、ＡＶ女優たちは、みんな口々に、「ＡＶでのプレイはＡＶを見る人たちを興奮させるためであって、実際に男優がするように責められても少しも気持ちよくない」と語っていたそうです。

　筆者もＡＶ女優と風俗嬢を掛け持ちしている女の子を数十名取材したことがあるが、確かにＡＶは完全なる演技だということは聞きます。ＡＶ男優のプレイをそのまま風俗で試そうとするお客が少なくないとのこと。

　中には「オレの黄金の指先でダダ漏れ大洪水にさせてやるぜ」なんて豪語してくる迷惑なお客もいるとか。

・雑誌情報鵜呑み男

　いかがわしい雑誌の過激な情報を信じ、「３０００円プラスで本番ＯＫなんだろ」って、開口一番言ってくるお客もいるとか。

　余談だが、対立する組員同士でいざこざがあり、検挙した警察関係者が若い組員たちから事情を聞いたところ、実話誌系雑誌に組同士が対立していると書かれていたので……、とのこと（実際は組の幹部同士は友好関係にあり、雑誌を鵜呑みにした組員たちの蛮勇だったとか）。
いかがわしい雑誌関係者も、「ソースは元関係者や自称事情通なので……」なんて、笑っていました。

PART 1 そうだ、風俗に行こう！

　あふれるほどの情報量。食欲、性欲、睡眠欲……、人間にはいろいろ欲がありますが、日本人がとくに欲しがる欲が知識欲だとも言われています。体験、経験よりも机上のペーパーテスト、学歴、肩書を重視する日本（某出版社はかつては学歴重視で社員を選んでいたが、部数激減のために昨今、面白い体験をしてきた人たちを新入社員として採用してみたら部数が一時的に伸びたという話を聞いたことがある）。
　ネット、新聞、雑誌など都合のいい情報を大袈裟に流す傾向もあるので、そこらへんは十二分に注意してください。

「婚姻届けを持ってくるお客さんは少なくないですね。ストーカーされたり警察沙汰にもなったコもいました。最近は店側のアドバイスで結婚していないけど人妻ってことで働いています」
（Jさん　24歳　風俗嬢　未婚）

「都内のピンサロに女の子たちの鼻の穴を舐める鼻舐めおじさんがいて、あちこちのピンサロに出没していてかなり名物？になってるわ。それから、1度、耳を舐めるふりをして耳の中に唾液を入れてきた客がいた。速攻、店員に連れ出してもらって出禁にしてもらったわ」
（Kさん　34歳　風俗嬢　未婚）

「東京は頭でセックスをする変態客、神奈川は体力任せにガンガン責めてくる筋肉客、埼玉の客はケチ。茨城、栃木は土地持ち、二代目、三代目が多いからお金に余裕があって遊び方が綺麗、しかし恋愛感情を持ち込むから面倒」
（Eさん　39歳　風俗嬢　未婚）

PART 1 そうだ、風俗に行こう！

どんな話をすればいいの？

『女の子と、いや、風俗嬢とはどんな話をすればいいの？』

「自白剤でも飲まないと異性との会話なんて無理、無理……」筆者の周りの漫画家、漫画家スタッフたちは、みんなそんな感じでした。

彼らもまた漫画家として代表作もなく、世間からは認められず、自信もない……、４０歳過ぎでも童貞も少なくありませんでした。

筆者が風俗取材をはじめ、風俗へ行くことに抵抗がなくなりだした頃、ひとりの４０歳過ぎの知人（漫画家）を風俗へ誘ったんですが、「Hはしてみたいけど、なにを話していいのかわからないし、二人きりで沈黙になるのが怖いから行きたくない」と、断られました。

啓蒙思想書籍やビジネス書、モテモテ指南書などでよく見かける女性に対して「聞き上手」になれという言葉……。

実際にそんなことが出来るのか？

気まずい沈黙、コミュ力なし、自信がない、対人恐怖症……。

しかもHにもチンコにも自信がない。

脳内ピンクの妄想人が、超現実主義の風俗嬢を目の前にしてスムーズに会話なんてできるわけがない。しかもモテ男の常套手段「聞き上手」になれる余裕もない。

と、いうわけで対人恐怖症、非コミュ力というお客でも風俗嬢と仲良くなれた実例をご紹介しましょう。

PART 1 そうだ、風俗に行こう!

「ボクは風俗へ行くとき女性の下着を身に着けていくんですよ、趣味もかねてね。風俗嬢が言うには、いまどき女性の下着を身に着けて風俗へ来るお客は珍しくないとのこと。10人にひとりは女性の下着を身に着けているそうです。女装なんて変態でもなんでもない、Hを楽しむアイテムのひとつに過ぎない……。そんな彼女の対応で気をよくしたボクは毎月女性の下着を身に着けて風俗へ通っていたんです。ある時、ボクの下着に興味を持った風俗嬢がいて、下着話で大盛り上がり。いまでは、彼女と下着を買いに出かける仲になりました」
(Yさん 43歳 フリーター 未婚)

「仕事柄、引きこもりの日々で他人との会話をしていない漫画家です。たまに人と会うと自分のことばかりをしゃべってしまい、帰宅後、四畳半のアパートで軽い鬱状態。何もかもうまくいかない時期、知人の風俗体験取材漫画家に勧められパイチンにして風俗初体験。パイチンを見た瞬間に風俗嬢が笑顔になって、こちらから話題を振らなくてもパイチンだけで大盛り上がり。運がいいのか、彼女も漫画が大好きで同人誌を描いているとのこと。今では彼女と同棲中。ちなみに彼女の話では、漫画好き、コスプレ好きで同人誌即売会に行く風俗嬢は多いとのこと。それにしてもむしゃくしゃしたときにパイチンにすると楽になれますよ」
(Fさん 47歳 漫画家 未婚)

「男子校、一人っ子だったこともあり異性と話すことが苦手。ネット上で風俗店のプレイ紹介動画を見ていたら、どうしても行きたくなって……。行ったら女の子を笑わせなければならないと思い、ネタまで作って出かけたけど、ダダスベリで余計に沈黙さ

PART 1 そうだ、風俗に行こう！

　せちゃって、プレイルームはホッキョクグマがコタツに入るほどの大寒波状態。しかしそんな寒い心に火をともしたのが同郷というキーワード。どことなく同じ訛りがあったので、もしかしてと思い、思い切って聞いてみると、やはり同郷。しかも実家が隣町。そこから地元のテレビCM、ラジオDJなどの話で大盛り上がり。彼女も最近、地方からひとり引っ越してきたばかりということもあり、寂しさもあったのか、いまではいいお付き合いをさせてもらっています」
（Mさん　フリーター　２６歳　未婚）

　「台風が接近していた仕事帰りの夕刻、人肌恋しくて近場の大衆ソープランドに行ったときのこと。男性スタッフの言うことには、朝からお客がひとりもいなくて女の子たちが暇しているので、２万円出してくれれば１２０分３Ｐコースにしますよだって。普通なら４万円以上はする３Ｐコース。それ以来、ボクはひどく天候の悪い日ばかりに風俗へ行っています。会話は天気の話だけで盛り上がれますよ」
（Oさん　３８歳　出版関係　既婚）

　やはりキーワードは「共感」ですね。
好きな下着、漫画、同郷……。学生時代のクラブ活動、好きな音楽、スポーツ、映画、ＴＶ番組……盛り上がったら、話を聞く、リアクションはしっかりする。興味をもったらゆっくり丁寧に。
会話は面白いことを言うのではなく、相手が返しやすい話題を振ること。

たとえば……質問されたら質問で返す。

女の子「今日はお休みですか？」
客「そうですよ。そっちは決まった休みがあるの？」
女の子「趣味は何ですか？」
客「女装です。あなたの趣味は？」
（あまりプライベートのことを聞くと壁を作られますのでご用心）。

　他にも筆者の経験上、一番有意義だったのは、とにかく目につくものは褒める。
　ファッション、髪型、アクセサリー、ネイル、バッグ、さらには室内の内装、置物など。
　褒めれば、なんとか間が持ちました。
「褒めて褒めて舐める」は基本ですね。

PART 1 そうだ、風俗に行こう！

illust：へりお

PART 2
フーゾクの王様
ソープランド

フーゾクの王様と言えばソープランド。
高級ソープ、大衆ソープ、格安ソープ、駅前ソープと
様々な業態であなたを待ち受ける！

ソープランド

熟練度 ★★★★★
Cost ★★★★★

『総理の椅子より座ってみたいスケベ椅子』

フーゾクの王様のソープランド。

かつては「トルコ風呂」と呼ばれていました。Wikipediaによれば、１９３２年当時からトルコ風呂は呼ばれていたようです。しかし１９８４年、トルコ人元留学生の訴えによりソープランドに改名。

デリヘル、ヘルスなど他の風俗がアイデア勝負で開店、閉店、開店を繰り返す業界に比べ、ソープランドは歴史も古く、今も大人の男性たちの娯楽として不動の人気を得ています。

有名な場所は「吉原」ですが、現在の台東区千束にあります。

日本全国には１３００軒ほどあり、高級ソープ、大衆ソープ、格安ソープ、さらには歓楽街から離れ、わりと駅前にぽつんとある駅前ソープなどと呼ばれ差別化されています。

入店からプレイ、サービスの流れはほぼ変わりませんが、料金とプレイ時間の差、さらには女のコの質などによって当然のように差が出ます。

それでは一般的なソープランドのシステムや基本的な流れをご紹介しましょう。

ソープランドでは入浴料とサービス料を支払います。女のコを指名すると指名料がかかります（お店のＨＰで女のコを予約するのもＯＫですが、受付で女のコの顔写真を見て選ぶのもＯＫ）。昨今はネット上のお店のＨＰに割引券がついていることも多いので印刷していくとをお勧めします。

お店に行ったら、まず受付で店員に入浴料を支払います。

サービス料は店内の個室で、プレイ終了後に女のコに支払います。
　受付で入浴料を支払ったら、そのまま店員の案内で待合室に通されます。
　筆者の場合、体験取材ということもあり、お客の少ない平日、１４時、１５時に来店することに決めていました。場合によっては、待合室に他のお客がいることもあるので、そこらへんは覚悟の上で。しかし他のお客もあなたと同じ目的があるので、あなたをジロジロ観察するようなことはしませんのでご安心を。いってみれば、みんな、待合室に入ったときからワクワクドキドキは半端ないので他人どころではないと思われます。
　待合室のソファに腰をかければ、すぐに店員が飲み物を運んできてくれるので、ここは一口飲んで、気持ちをリラックスさせましょう。緊張で体がカチカチになると、肝心のアソコがいざというときカチカチになりません。
　予約で入店していれば５分もせずに店員さんが声をかけてくれると思います。逆に当日、予約をせずフリーで入店し、お客が多かったりすると３０分以上待たされることもあります。そんなときは、店員さんに外出券をもらって、お店の周りの飲食店に足を運ぶのも面白いかもです。渋谷の街を歩くと女性が全員、ＡＶ女優に見えるように風俗店界隈の飲食店に入ると男性はお客、女性は風俗嬢に見える（？）から妄想好きにはたまらないらしいです。しかしほとんどのお客は待合室で置かれている雑誌を見たり、テレビを見たりして女の子の準備ができるのを待っているようです。
　女のコの準備が出来れば、店員が声をかけてくれます。

PART 2　フーゾクの王様　ソープランド

PART 2 フーゾクの王様 ソープランド

「●●さま、女のコのご準備ができました」

いよいよ待合室を出て、女のコとの初対面です。

待合室を出て、すぐにエレベータ内、前で女のコが待っている場合と、店員の案内で女のコが待っている個室へ行く場合があります。個室に行く途中「おトイレは大丈夫ですか？」なんて聞かれることもあります。

個室に入ったら、二人だけの世界です。
高級店の場合、いきなりフェラチオ（即尺）のサービスがあります（最近は大衆、格安店でもある場合もある）。

まずは軽く自己紹介。風俗店がはじめてならはじめてと言ったほうがいいようです（女の子たちに聞いたところ、風俗慣れした人や、ＡＶマニアのお客が一番接しずらいとのことでした。余談ですが、筆者の知人だが、常に風俗１年生のフリをしてオドオド感を演じていい思いをしている風俗１０年生がいます）。

女のコがさりげなくタイマーをセット。

女のコが服を脱いで、浴槽にお湯をはったり、マットの準備をします。そのとき、勝手に女のコは服を脱ぎ始めるケースが多いので、自分の手で脱がしたい場合は一声かけてみましょう。

女の子はたぶん、笑顔でブラを外させてくれますよ。

準備ができたら、洗体、スケベ椅子（潜りイス）、女の子と入浴、潜望鏡、マットプレイとソープならではのプレイが繰り広げられます。

マットプレイが終了したら、濡れた身体をタオルで拭かれベッドに移ります。そのとき、一休みとして飲み物のサービスがありますので、バスタオルを巻いたまま会話を楽しみま

しょう。いい雰囲気になったら、そのままベッドの上で、キスから愛撫、本番へ……。

基本、ソープランドは時間内なら何度でも発射できますが、タイマーが鳴ったら終了です。

服を着て、サービス料を支払い、女の子に案内され個室を出ます。運が良ければ、エレベーター内で、もう一度ディープキスや、ズボンの上から股間モミモミのサービスが受けられます（女のコによる場合が大きいですが……）。

●ソープランドならではのサービス説明

・椅子プレイ
スケベ椅子とくぐり椅子。
凹形状椅子がスケベ椅子で、椅子の下が空洞になっている椅子がくぐり椅子です。浴槽の前で椅子に座ったお客の身体を女の子が自らの身体で洗うサービス。

・たわし洗い
女の子の陰毛をたわしにみたててお客の腕、太ももなどに擦り付け洗うサービス。

・つぼ洗い
女の子の膣（つぼ）でお客の手、足の指を一本、一本洗うサービス。ただし、お客がつぼ洗い中に指をかきまわしたりすることはＮＧのようです。

フーゾクの王様　ソープランド

・マットプレイ
浴槽にひかれたエアマットの上にお客が横たわり、ローションをたっぷり塗られ、その上を、横を、下を女の子が身体を密着させ縦横無尽に動き回り愛撫をしてくれます。胸を使っての胸洗い、舌を使って舌洗い……。マットプレイ中はお客は基本的マグロ状態です。

・潜望鏡
浴槽に向かい合って入り、女の子がお客の腰を浮かせて水面から出たペニスをフェラすることです。
……代表的なソープランドでのプレイです。

　ソープランドにはテクニック重視のお仕事タイプ姫と、恋人のように接客するムード重視の恋人タイプ姫がいます。
　ソープランドと他の風俗の決定的違いは、サービスプレイを指導する講習嬢がいるか、いないかだと思います。ソープに行けば、どんな子にあたってもそれなりのテクニックを楽しめます（選択するコースによって当然、省略されるサービスあり）。
　デリヘルなどでは講習嬢がいないので、たまに風俗嬢というより一般の主婦では？　なんていう女性もいます。

「先日、人妻系デリヘルに行ったときのこと。彼女、なにも出来なくて、股間を弄れば腰を引いて後ろに逃げるし……。お前はエビかっーつーの！聞けば入店初日だとか。風俗といえば疑似恋愛よりも遊び、テクニック重視のオレ。やっぱり風俗の王様はソープだね」
（Tさん　49歳　自営業　既婚）

「ソープの醍醐味でもあるマットプレイを苦痛に思う女の子も少なくはない。なんせマット上に寝ころんだ男の身体を上から下、下から上、さらには足を持ってくぐったりで、かなりの腕力がいる。先日、マットはいいからって言ったら、女の子が凄く喜んじゃって……。聞けば最近、働き過ぎで腕が筋肉痛だったとか……。おかげでベットで責めの2回戦」
（Fさん　29歳　サービス業　既婚）

「はじめてソープに行ったら、緊張しすぎて女の子に会った瞬間から頭の中真っ白。異性とふたりきりでデートもしたことがないので、廊下を一緒に歩くだけでバックバク。個室に入る前に「おトイレは大丈夫ですか？」と聞かれたんだけど、言ったらカッコ悪いなと思い「大丈夫です」って答えたんだけど……。ボクは毎日、バスルームでシャワーをしながらおしっこをする癖があり、個室に入り女の子が握ったシャワーの音を聞いた瞬間、習慣とは恐ろしいもので女の子の目の前でおしっこをしてしまいました……。すぐに女の子にスタッフを呼ばれ、その場で平謝り。プレイもせずにソープランドへ行って浴室をきれいに洗って2万円を支払って出てきたなんてボクぐらいじゃないかな。トホホ。」
（Mさん　55歳　公務員　未婚）

PART 2　フーゾクの王様　ソープランド

フーゾクの王様　ソープランド

「ソープランドでのプレイ終了後にアンケート用紙の記入を求められたのには驚きました。まったく知らなかったので考え込んじゃいました。女の子のサービスはよかったですか？の問いに１、よかった、２、普通、３、悪かったのような選択アンケートなので、適当に全部よかったにしておきました」
（Nさん　２２歳　フリーター　未婚）

※ソープランドではプレイ終了後にアンケートをお願いするお店もあります。

ソープランド 一例

60分総額	20,000円	※ソープは入浴料＋サービス料という形になるので、【総額】という表記になります。
90分総額	29,000円	
120分総額	38,000円	※最近では入会金、指名料は無料というお店が増えています。
150分総額	46,000円	
入会金	無料	
指名料	無料	
本指名	無料	

当時、２８歳正真正銘の童貞だったボク。学生時代、クラスの女子がひとり、またひとりと処女を喪失していった空気が教室に蔓延していったように、職場の人たちとボクの間に触れてはいけない重苦しい空気が流れていました。
３０歳を目の前にして、職場の誰かに、「一緒に風俗へ行ってくれませんか？」なんてことも言えず、前々からネット検索して気になっていた熟女系ソープランドに、自分ひとりで予約をして行きました。
まさにはじめてのおつかいの子供のようにオドオド感がＭＡＸ、店員の言われるまま待合室へ……。気が付けば森下愛子似の四十路熟女が真っ赤なドレス姿でボクの目の前に立っていました。
個室に案内されるなり、生下着姿、生おっぱい、スケベ椅子に座らされ股間を丁寧に洗われ、夢にまで見たディープキス・・・。
「ボ、ボク２８歳で童貞なんです」
正直に言うと、驚いた表情も見せず、
「先日は４４歳の童貞さんが来ましたよ」
聞けば、５０歳以上の童貞も珍しくないとのこと。
とても優しく接してくれたおかげで気持ちよく初体験を済ませることが出来ました。今年、私は４０歳を向かえますが、いまだに初めて体験したソープでの生混浴、生マットプレイ、生喘ぎ声……を、思いだしながら自分磨き（自慰）をしています。
　（Ｏさん　４０歳　コンビニ店長　既婚）

PART 2 フーゾクの王様　ソープランド

PART 3
届け出数フーゾク最多
デリヘル

**デリヘルとは、デリバリーヘルスの略。
その名の通り、自宅やラブホテルにヘルスを
デリバリーしてくれる素敵なサービスだ！**

デリヘル

熟練度 ★★★☆☆
Cost ★★★☆☆

『夢は叶う！　恋人気分でラブホで欲望放出！』

　１９９９年、風営法改正により裏風俗であったデリヘルが警察の管理下にある無店舗型風俗特殊営業として合法的な業種になりました。届出をしているお店は１万７千店以上とも言われていますが、いまだに無届出のお店も多いそうです。

　開業時間の規制がない、店舗を必要としないので初期投資が少なくて済むなどの利点から乱立状態なので価格破壊、過激サービスが進み、すでに淘汰されまくっています。

　とにかくアイデア勝負のデリヘル。人妻系、素人系、熟女系、Ｍ性感、Ｍ女系、ニューハーフ系、ＳＭ系……、昨今では非コミュ力の若者世代に向け、女の子がまったくしゃべらないロボット系デリヘル、リアルラブドール系デリヘルなども登場しています。

　それではデリヘルでの遊び方をご紹介しましょう。

　まずはお店に予約の電話です（お店のＨＰにネット予約もあり）。好みの女の子のタイプがあれば、しっかりスタッフに伝えておきましょう。自宅まで来てもらえますが、女の子を派遣する交通費がかかります。

　一般的な利用方法は、お店が拠点になっている最寄りの駅までお客が出向きます。駅についたら、もう一度電話します。（事務所に案内され、女の子の顔写真を見せてもらえたり、ラブホテルまでの簡単な地図を書いてくれるお店もありますが、昨今は電話だけで近場のラブホテルを紹介してくれケー

スが多いようです)。

　教えられたラブホテルにひとりで行くのもいいし、駅前で女の子と待ち合わせて一緒にラブホテルに入るオプション店もあります。

　ひとりでラブホテルの部屋に入ったら、すぐにお店に電話をして部屋番号を伝えます。

　１０分程度で女の子が伺いますと言われるはずです。もしも１０分しても女の子が来なかったら、お店側に遠慮なく電話をしてみましょう。女の子がラブホテルを間違えていることもたまぁ～にあります。

　指名なしのフリーで利用した場合、女の子が部屋に到着すると、必ず「私で大丈夫ですか？」と聞きますので、もし、好みでなかったら「チェンジ」を伝えてください（ただしお店によってはチェンジの回数が決められたりしているのでご注意を）。

　好みの女の子なら部屋に招き入れます。

　料金は後払いが多いです（料金のことはお客側から言わなくても女の子のほうから言ってくれます）。

　女の子はすぐにチェックインしたことをお店に電話連絡します。

　デリヘル初体験ならば、素直に「はじめて利用しました」といったほうがスムーズにコトが運ぶと思います。

　もしトークで盛り上がって時間が経ってしまっても、ちゃんと女の子はお仕事をしてくれますので安心してください。

「そろそろシャワーに行きますか？」

PART 3　届け出数フーゾク最多　デリヘル

PART 3 届け出数フーゾク最多　デリヘル

　なんて言ってくれてプレイに入っていきます（ソープランドと違ってバスルームのお湯をためるようなことはしません。場合によっては湯船につかりながらのデリヘルもあり）。
　風俗利用者は圧倒的に妻子持ちの方が多いので風俗へ行ったことがバレないように「無臭ボディーソープにしますか？」と、女の子は聞いてくれます。もしソープの臭いが気になるなら遠慮なく女の子に伝えましょう。
　プレイ内容は洗体、キス、全身リップ、生フェラ、たわし洗い、手コキ……、女の子によってはシャワーはさらっと軽めでベッドに移動なんて場合もあります。
　専門化したＳＭ系、Ｍ性感など以外のデリヘルでは、プレイはノーマルだと思っていた方がいいと思います。
　デリヘルの場合、ソープランドと違ってテクニックを伝承することもないので、女の子たちのプレイは元カレやご主人たちに教え込まれたテクニックなので、お客の方から「裏筋を舐めて」「玉袋を引っ張って」とか自分が気持ちよくなれるプレイをリクエストしても大丈夫です。
　ただし女の子がいやがる行為はやめましょう。明るい変態は好かれますが、変質者は嫌われます。

・デリヘルの料金

　デリヘルの一般的コース料金は６０分１万５０００円前後です。そこから９０分、１２０分……、というコースに。格安ともなると４５分コースもあります。３０分延長の場合、８０００円前後。だいたい６０分でお願いして３０分延長すると、９０分と同じぐらいの料金となる（都内は若干高め、地方は若干安め）。
　入会金は無料〜１０００円程度。

　無料で会員になれて会員特典が使用できるお店、ポイントを貯める目的のため料金が高めに設定してあるお店、新規割引イベントが多く、会員になっていると新規の客より高くなる店など様々なのでそこらへんはお店のHPを参考にしたほうがよさそうです（風俗１年生としては入会金のないお店をお勧めします。入会金無料中のお店は多いです）。
　それからラブホテル、シティホテル、ビジネスホテル、レンタルルームなどを利用すればホテル代もかかります。ホテル代、休憩２０００円〜５０００円あたり。
　お店によってはホテルと連携していて、ホテル代込みのデリヘルも少なくありません。激安のホテルを紹介してくれたり、割引サービス券をくれるお店もありますので、ぜひ、お店側に聞いてみましょう。

　自宅に来てもらう場合は女の子の交通費がかかります。距離的に考え３０００円前後。
女の子の指名料は１０００円から３０００円程度。指名料金

PART 3　届け出数フーゾク最多　デリヘル

PART 3 届け出数フーゾク最多　デリヘル

は全額女の子に渡されるので女の子には喜ばれます。

　女の子を指名せずお店任せのフリーで入り、チェンジした場合、キャンセル料（１０００円から３０００円、１回目は無料というお店もある）を取られる場合もあるからご注意を。

デリヘル（デリバリーヘルス）一例

60分	15,000円	有料オプション	
90分	18,000円	コスプレ	1,000円
120分	21,000円	ローター	1,000円
180分	48,000円	パンスト	2,000円
入会金	2,000円	電マ	2,000円
ネット指名	1,000円	写メ	4,000円
本指名	2,000円	AF	10,000円
延長（30分）	8,000円		

「デリヘルを取材していて一番驚いたことがある。若い子だとウザい、キモいと言われがちの童貞くんだが、多くの四十路以上の熟女たちにとってはご馳走だそうだ。お客に童貞がくると仕事を忘れてしまうとか。ちなみに４０歳以上の年配童貞は珍味だそうで、それはそれで大好物だそうだ。とにかく人妻系デリヘルに在籍している女性たちの童貞好きが多いのには驚いた」
（Ａさん　３５歳　ライター　未婚）

「デリヘルでも本番ができる？　私の知る限りでは出来ます。『お店には内緒ね』女の子はそういうとゴム有りでさせてくれました。後日、風俗通の輩に言わせると、デリ嬢って素人集団だから、お客を早くイカせるテクがないのよ。男なんてイク前は猛虎だけでも、イカされちゃったら子猫ちゃんだから。手っ取り早くＨさせてイカせちゃって楽したいわけよ女の子も……。それは真実かどうかはわからないけど、『お店には内緒ね』なんて甘い囁きを間に受けて一目ぼれ……。１年間通い続けましたが、恋愛に発展することはありませんでした。『行けたら行く』『明るい職場です』それから『お店には内緒ね』は信用してはいけない言葉だね。だけど恋人気分で本番が出来たのだから『よし』としなくてはね」
（Ｆさん　４８歳　自営業　未婚）

PART 3　届け出数フーゾク最多　デリヘル

PART 4
はまったら生還できない？
M性感

デリヘルタイプとエステタイプの2種類。
リフレッシュしたい、頭の中を空っぽにしたいなど
ストレス発散にはこれ！

M性感

熟練度　★★★★☆
Cost　　★★★★☆

『女の子の細い指先が俺を四つん這いにさせる』

　はまったら生還できないといわれているM性感。風俗体験取材30年近くやっている筆者もこの言葉には偽りなしだと思っています。
　M性感の基本は女性が責めて、受け身の男性を気持ちよく射精させる風俗です。
　基本プレイは男性への前立腺、アナル責めにより女性のようにオーガズムの世界に誘います。テクニシャンの女性にかかれば男性は腰を浮かせ女性のように嗚咽、啼き狂い男性の潮吹きを体感できます。
　エステ、マッサージ系では性交渉もなく性病の危険性も低く、2000年ごろから急激に利用者が増え、昨今、より過激になってきているM性感……。
　風俗へ行く目的として「セックスがしたい」「射精がしたい」「疑似恋愛がしたい」など、いろいろあると思われるがストレス発散「頭の中を空っぽにしたい」「リフレッシュ」そんな目的なら、やはりM性感が一番ではないかと思います。
　SEX経験者の中には、女性器に男性器を挿入して腰を振る行為の1000倍気持ちいいのがM性感だと断言する風客も少なくない。またドSがM性感を体験し、すっかりハマったなんて話もよく聞きます。
　中にはM性感に行くたびに新しい性感帯を見つけられ年々性欲が増し、若返るなんて言っていた63歳の常連客がいました。

M性感が他の風俗と大きく違うのはすべて女の子まかせで、お客は自分が気持ちよくなることだけを考えていればいいということです。他の風俗では舐め方、触り方、会話など女の子に気を使い過ぎ、仕舞にはお金を払っているのに女の子のご機嫌を取ったりして、どっちがお客かわからない状態です。労働意欲のない女の子に無理やり射精させられお金だけ巻き上げられサヨナラでは悲しすぎます。M性感こそ男の楽園天国かもしれません。

　M性感の始まりは９０年代後半に登場した性感マッサージ店だといわれています。
　そんなM性感も今では「M性感」という言葉のイメージだけが巨大化し、いろいろな意味を持つM性感風俗店が乱立しています。M性感デリヘル、M性感ヘルス、手コキM性感……。またはM性感と書かれていなくてもM性感プレイが重要視される風俗店も多い。フェチクラブ、痴女エステ、前立腺マッサージ、コスプレ痴女性感、アロマ性感、イメージ性感など……挙げたらきりがありません。
　体験上、大きく分けてM性感プレイから本番ができるM性感デリヘルタイプと、あくまでも性感プレイに拘ったM性感エステ、マッサージのふたつに分けられると思います。
この誌面ではふたつの違うM性感について説明したいと思います。

PART 4　はまったら生還できない？　M性感

M性感デリヘル／エステ

『デリヘルは痴女、エステはテクニシャン！』

●M性感デリヘルのプレイの流れ

　最初にお店に電話をかける。そのときに希望プレイを告げる。お店側の指定したラブホテルの部屋でひとり待機しているといきなり「痴女」がやってくる……。

　M性感デリヘルの場合、部屋のドアを開けた瞬間からプレイがはじまっている場合が多い。いきなりベットの上に寝かされ、上半身を脱がされ、両手万歳状態のままＴシャツを顔まで脱がされ目隠し状態。ベッドに寝かされたお客の腰に乗ったまま女の子はお店に電話をする。

　生まれ持っての痴女タイプの女の子にかかれば、ここまでのファーストプレイでフルボッキは間違いなし。ゆっくりとパンツを脱がされ、カリ首に細い紐を巻きつけられ、引っ張られながらバスルームへ移動。バスルームで女の子の聖水を浴び（のめる人は飲尿）、洗体。

　そしてバスタオルを腰に巻かれベッドへ……。そのままベット上に寝かされ、大の字状態で手足をロープで縛りつけられる。と、いっても形だけなので手足は自由に動かすことができる。女の子はペニバンを着け、ベッドの横には１０種類以上の電マ、バイブ、ローターなどが綺麗に並ぶ。ペニバンを擦りながらお客を見下ろしたかと思えば、一気にバスタオルを脱がされチンコが丸出しに……。

　チン繰り返しをされ、アナルバイブを手に取りアナルプ

レイへ……。唾液を垂らされながら手コキ、アナルプレイ……、そしてゆっくりとペニバンを挿入。延々と痴女の責めプレイが続く。フィニッシュも、手コキ、フェラ、素股……、人気はバックからペニバンを挿入されたままの背後手コキだそうだ。

　さらに昨今、男性客の受けだけではなく６９（シックスナイン）からの責めクンニも出来るお店もある。

●M性感エステ、マッサージプレイの流れ

　基本、女の子は服は脱がない、あるいは下着姿。最初にお店へ電話。お店側の指定されたラブホテルの部屋でひとり待機。その間にひとりバスルームで身体を洗うように言ってくるお店と、女の子が部屋に到着して、ひとり身体を洗うように指示してくるお店がある。基本、女の子がお客とバスルームに入って身体を洗うようなことはしない（昨今では過激になり女の子が洗体してくれるお店もある）。

　バスルームをでたお客はベッド上に四つん這いになり女の子にお尻の穴を見せる。そこからパウダーマッサージ、前立腺マッサージ、睾丸マッサージ、エネマグラプレイ、手コキによる寸止め、亀頭責め……、フィニッシュはほぼ手コキからの射精後責め。オプションで潮吹きを体感できるお店もある。

・パウダーマッサージ
　四つん這いになった男性客の背中にパウダーをふりかけ、女の子の手によって全身へと伸ばしていく。男性客の肌と女

の子の手の摩擦をパウダーで極力小さくして、まるで天使の羽で触られているように繊細なマッサージでリラックス効果を生む。

・前立腺マッサージ

　膀胱の真下に尿道を取り囲むかたちで存在している男性だけが持つ前立腺。尿の排出コントロールと精液の成分のひとつ前立腺液の分泌を役割をする前立腺。別名、Gスポット。

　医学的にも精子の活性化、頻尿、尿切れが悪いときは泌尿科へ行き前立腺の診察を勧められる。雑菌などの有無を調べるため前立腺液を採取するときは医療行為として前立腺マッサージをします。

　エネマグラも最初は医療機器として発明されましたが生殖機能に直結する前立腺を刺激することで性的興奮、射精以上の快感を体感する人も多く、性風俗がサービスとして取り入れ、いまではED治療としても知れ渡っている。

・睾丸マッサージ

　タイの古式マッサージ「ジャップカサイ」から始まった睾丸マッサージ。本来は血流改善を促し精力強化、賢臓強化、腰痛治療として効果を発揮する睾丸マッサージが、日本の性風俗のサービスとして改良が加えられ性感マッサージとして生まれ変わったのでタイ古式睾丸マッサージと日本の性風俗の睾丸マッサージは別物と考えた方がいいようです。

　タイ古式マッサージではチンコは決して触れずに睾丸を引っ張ったり、少し強く握ったり、押したりしますが、性感マッサージでの睾丸マッサージは性的興奮優先なのでいやら

しく撫で回し、チンコも弄り回してくれます。

　M性感の醍醐味といえば、やはりM男子感涙の責めオプションの豊富さではないでしょうか……。

　前立腺マッサージ、睾丸マッサージ、アナル周辺責め、パウダー性感、みどころ責め（竿、玉、肛門）、亀頭責め、乳首責め、射精管理、言葉責め、寸止め責め、射精後責め、男の潮吹き、エネマグラ……、さらにM性感デリヘルでは、唾液責め、電マ責め、聖水、ペニスバンド、女装逆レイプ、四肢拘束具、全身タイツ、フィスト、足コキ……。

　多くの責めサービスがあるため、女の子によっては対応できない場合があります。お店のHPをよく見て女の子の出来るサービスを確認して女の子を選びましょう。

M性感エステ／マッサージ一例

50分	15,000円	指名料	1,000円
75分	20,000円	本指名	2,000円
100分	25,000円		
延長15分	4,000円		

PART 4 はまったら生還できない？ M性感

PART 4　はまったら生還できない？　M性感

> 「その日は記録的な猛暑で、なにもやる気が起きず、営業途中で見つけたM性感ヘルスの看板を二度見。つい、フラフラと足を踏み入れ女の子に身を任せられるがまま。脳の中を天使の羽根でくすぐられる感覚に身も心もとろけるチーズのごとくトロットロ。至福の60分で全身リフレッシュ。チャップリンのような歩き方で自宅に帰り、夜、テレビを見ていたら会社から激怒の電話。……その瞬間、お得意様への営業周りを忘れていたことに気がついたが、時すでに遅し。翌日、辞表を提出。M性感は人生を狂わせます」
> （Nさん　40歳　フリーター　既婚）

M性感デリヘル 一例

		有料オプション	
60分	16,000円		
70分	19,000円	コスプレ	1,000円
80分	22,000円	パンスト	1,000円
90分	25,000円	オナホール	1,000円
入会金	1,000円	アナルバルーン	1,000円
ネット指名	1,000円	浣腸	2,000円
本指名	2,000円	剃毛	2,000円
延長(30分)	9,000円	脱糞	5,000円

「風俗は大好きでよく行くのですが、地方のソープランドで有名人のサイン色紙を見かけることも少なくないのですが、都内G界隈のM性感で見かける芸能人のサイン色紙の枚数は半端ないと思います」
（Nさん　38歳　自営業　既婚）

「M性感のアナルプレイにハマりすぎて、最近、ドアノブを見るだけでアナルに入れたくなってしまう。M性感は絶対に中毒性あり」
（Kさん　22歳　大学院生　未婚）

　ネット上にある風俗店サイトを数多く見ていたら無性にM性感に行きたくなり、勇気を振り絞りお店に電話をしてみました。驚いたことに人気のある女の子はどのお店も予約が取れない。某店の子は3か月待ちでした。はじめての風俗体験、勉強だと思って手っ取り早く誰でもいいからフリーで入店するか、それとも店長ご推薦、人気ナンバー1を予約が取れるまで気長に待つか・・・。
　いますぐにでも行きたいという衝動を抑え、待つことにしました。2週間後、某M性感デリヘルの人気ナンバー1を指名予約。・・・お店のサイトに偽りなし。言葉責めから急所責め、遊園地の乗り物に乗っているようなスペシャルな気持ちよさ、不覚にも足コキで悦楽フィニッシュ。あぁ、チンコがもう1本欲しいです。
（Sさん　27歳　服飾関係　既婚）

PART 4

はまったら生還できない？　M性感

illust：へりお

PART 5
男の快楽を知り尽くした
ニューハーフ
男の娘

90年代後半、同人誌の
ふたなりブームで火がついたジャンル。
お客さんも同性愛者ではないぞ！

ニューハーフ　男の娘

熟練度　★★★★★
Cost　★★★☆☆

『男を絶対的に知り尽くした女に抱かれたら見るもの全てペニス色』

　ニューハーフ嬢の話によれば、１９９０年代後半「同人誌」のふたなりブームによってオタク系のお客が激増したそうです。

　ニューハーフのお店だからといって、お客も同性愛者とは限りません。

　お店のオーナーの話では、同性愛者ではなく女性が好きなお客が多いそうです。

　２００５年ごろからニューハーフではないホルモンバスト（ホルモン治療）もまったくやっていない男の娘、女装子が在籍している女装風俗店も出始め、新聞、雑誌でも大きく取り上げられるようになったということです。

　ニューハーフ店は戸籍上同性が同性による接客ということで風営法上、風俗店ではありません。しかし基本プレイ内容は接客してくれる相手がニューハーフ、男の娘、女装子で、女の子が接客してくれる風俗店と変わりはありません。

　ニューハーフの最大の楽しみは、元男性ということもあり、男の快楽を知り尽くした極テクフェラが体験出来ること。

　そしてお客側も生フェラが出来るということ。

　ニューハーフの身体の特徴として、

竿、玉、両方あり。
竿あり、玉なし。

竿、玉、両方なし（造膣手術済み）。

もっとも多いのが竿、玉、両方ありで、極端に少ないのは竿、玉、両方なし。
　手入れが行き届いた陰毛が一本もない生まれたてのようなニューハーフの股間は神々しくもあります。まさに誰が言ったか知りませんがニューハーフ、別名「竿美人」とは言い得て妙です。

　他の風俗店では味わうことができないニューハーフならではのプレイをご紹介。

・アナルプレイ
　お客がニューハーフのアナルに挿入。ペニスを持った女性を犯す感覚でS男子にとっては常習性があるそうです。医学関係者の話によれば、手コキにかかる握力が４キロ、アナルの絞力も４キロ、女性の膣圧は０〜個人の差が大きいそうだ。手コキになれている人はアナル挿入も気持ちいい？

・逆アナルプレイ
　ニューハーフがお客のアナルに挿入。舌でのドリルアナル舐めから指挿入で、アナルをほどよく緩めて、ローションたっぷりでゴムありペニスで挿入が基本プレイ。かつては希望するお客も少なかったそうだが、ここ５年、ニューハーフ店なら逆アナルプレイっていうお客ばかりだとのこと。

・逆フェラ、逆射精
　お客のテクニックでニューハーフを感じさせてあげます。口の中で硬くなペニス、さらにニューハーフを射精させた達成感は女の子をイカせた以上と言われています。

・兜あわせ
　ニューハーフのペニスとお客のペニスを重ね合わせ、同時に摩擦を与えること。亀頭の形状を兜となぞらえ兜あわせと呼ぶらしい。視覚的にも刺激的で女の子との素股プレイ以上の快楽です（ちなみに女性同士の性器を擦り合わせる行為を貝合わせ）。

ニューハーフヘルス 一例

60 分	16,000 円	オプション	
90 分	20,000 円	電マ	無料
120 分	28,000 円	逆アナル	無料
150 分	33,000 円	浣腸	1,000 円
入会金	無料	アナル舐め	3,000 円
指名料	無料	聖水	3,000 円
本指名	1,000 円	口内発射	3,000 円
延長（20 分）	5,000 円	女装	3,000 円

余談だが、１９６０年代、録音技術の発達に伴い長時間スタジオに籠りアルバム制作に時間を費やしたロックスターたちの多くが両刀使いになっていったという噂もわからないこともない。

「ニューハーフや男の娘、女装子に興味を持つとＨが受け身になってしまい、女性とのＨでも受け身専門になってしまうのがイタいところだ。しかし肛門でイクという感覚が得られたっていうのは最大の魅力かな。最近、興奮すると股間、乳首が勃つよりも先に肛門が開くのよね」
（Ｋさん　２６歳　公務員　既婚）

「オキニのニューハーフから教わった奥喉丸呑みフェラ。現在、彼女に猛特訓中させています」
（Ｙさん　２０歳　大学生　未婚）

「彼女（？）たちって、本当に女性とのＨが嫌いな人が多いんですよ。先日も無理やり、企画ＡＶに出演させられ女性相手に筆おろしをさせられたことを語ってくれたニューハーフの子がいたんですよ。そのときの様子をじっくり聞いていたら勃起して先走り液ダダ漏れ状態になっちゃいましたよ。それにしても昨今のテレビ事情も女装家やニューハーフが席捲しているけど、彼女（？）たちの話って本当に愉快だわ」
（Ｎさん　４２歳　印刷関係　既婚）

「対面座位でのディープキス、乳首舐め、兜合わせからのラブラブ密着感は真の男の歓びを教えてくれます。電流が走るようなオルガスムスがくるたびにカウパー液がスパークします。男を知り尽くしている男って最強にして最高。最近、飲み会なので遅れて行くと、「オレの席はどこかな？」なんて言いながら、つい好みの男性の腰の上にまたがってしまいます」
（Tさん　２６歳　医療関係　未婚）

「ニューハーフの美しいチンコにガンガン突かれ、チンコを１度も触られることなく射精するトコロテン。トコロテンにはまってからニューハーフ店一筋です」
（Sさん　３６歳　放送関係　既婚）

「初めてお相手をしてくれたニューハーフのチンコが極太カリデカ。アナルを突かれるたびに幼いころの楽しかった思い出が消えちゃって……。頭真っ白のままお店を出たら、すでに外は真っ暗。夜空に浮かぶ星がアナルに見えるほどの強烈なひと時でした。テクニックのある風俗嬢でもこんなにエクスタシーを感じたことはありませんでした。今ではすっかりニューハーフ風俗の虜です」
（Iさん　３０歳　建築関係　既婚）

「オヤジ譲りの短小である私は、幼いころから竿よりも玉袋に異常に興味を示していました。いや、どちらかというと自分の玉袋以上に他人の玉袋がスキ。

とくに好きなシチュエーションはサウナや銭湯で、背後からお尻を覗きこむような恰好で他人の玉袋の裏をチラ見すること。キュッとしまっていて１本も毛のないのが理想（うふふ）。

母親譲りの控えめな性格で、学生時代、好きな男子はいたけど告白出来ず、２３歳、社会人になってようやくニューハーフ風俗店デビュー。

はじめてお店に足を踏み入れたときは学生時代、書店でホモ雑誌を購入していたとき以上に緊張しました。築３０年以上の中古マンションのエレベーターに乗り、ドアが開いた目の前が受付。受付には厚化粧の三十路ニューハーフの方が座っていて、笑顔で迎え入れてくれました。待合室には誰もいなくて、すぐにニューハーフのＦさん（２４歳）が入ってきました。Ｆさんの案内で個室に移動。挨拶程度の会話を交わし、私は個室でバスタオル１枚にされ、ひとりでバスルームへ……。個室に戻るとＦさんはバスタオル１枚の姿でベッドに座っていました……。

いまではお店の子に教わった、お互いの玉袋の根元を紐でキツく縛りハート形にしてキュンキュン楽しんでいます。」

（Ａさん　２９歳　一級建築士　未婚）

PART 5　男の快楽を知り尽くした　ニューハーフ・男の娘

PART 6
別名：諭吉風俗
ピンサロ

正式名称ピンクサロン。
お手頃価格のエッチなお店だ！
しかもお茶やお酒も飲めるぞ！

別名、諭吉風俗。

１万円でたっぷり遊べる風俗で、ＴＶ業界やＡＶ関係者が大きな仕事終わりにこぞって繰り出す風俗としても有名です。会社勤めの方々にとっては飲み会の２次会、３次会に入店するというパターンが多いそうです。

ピンサロはキャバクラ同様、客への性的サービスは一切ＮＧということで、風俗営業の接待飲食業として公安委員会から許可を受け営業しています。ピンサロにおける風俗営業は違反ですが、実際は違います。

ピンサロのいいところはとにかくムラムラしたら低料金で、フラッと入店してドピュッとスッキリ出来るところです。

営業時間もほぼ全国的に一緒で、お昼１２時オープン、閉店２４時です。

それでは早速、入店の仕方をご説明しましょう。

まずは受付にて、スタッフにこう聞かれます。

「当店のご利用は初めてですか？ご指名はありますか？」

指名がなければ「はじめてです」と答えましょう。女の子の顔写真を見せてもらって、指名したい子がいれば指名しましょう。いなければ「フリーでお願いします」と伝えれば、その場でお店の料金システムを教えてくれます。

料金はほぼ全国的に一緒で３０分４０００円から８０００円が相場です（３０分１万円以上したら、そこは本番ができ

る裏風俗の本サロです)。

　指名料２０００円〜。学生割引、団体割引をしているお店も少なくないです。

　お店が込んでいる場合、待ち時間があります。

　料金は完全前払いです(割引券があれば、ここで見せます)。

　飲み物を追加すると、もちろん料金が発生します。

　お店によっては、受付で手にアルコール消毒液をかけてくれるところもあります。

　自分の順番が呼ばれたら、大音響が鳴り響く真っ暗な部屋の中をスタッフに先導され進んで行きます。一方向に並べられた二人掛けＢＯＸシートに案内されます。

　飲み物が出され女の子がつけば、ここからスタートとなります。

　女の子の自己紹介から「今日はお休み？」「仕事帰り？」「学生さん？」などと軽い会話の中、すぐにプレイは始まります。そのときに「こういうお店ははじめてです」といえば、女の子が最後までリードしてくれます。

　プレイ内容は、まずお客はズボンを脱ぎ、露出したペニス周辺を女の子がおしぼりで拭く。早くイカせるために女の子は、全裸になり、おっぱいを触らせます。

　女の子によっては「生理です」と言って股間をタッチさせない、さらには「風邪気味なの」といってキスもさせない子もいます。

　フェラチオの他にどんなサービスが受けられるかというと、ディープキス、パイズリ、手コキ、玉舐め、乳首舐め……と、いったところでしょうか。もちろんお客も責める

PART 6

別名：諭吉風俗　ピンサロ

別名：諭吉風俗　ピンサロ

ことができます。ボディタッチ、乳舐め、クンニ、指入れ……、サービスのいい子だと全裸になり上に乗ってきたり、69などもさせてもらえます。
　フィニッシュは、ほぼ口内発射です。
　スッキリしたらお互い服を着ます。
　女の子は一端、席を立ちますので、そこで一休み。女の子はすぐに戻ってきて自分の出勤日の書かれた名刺を手渡されて終了です。
　ピンサロでは、お客が射精をしたら女の子が「V」サインをあげてスタッフに知らせるお店もあります。
　暗闇といえども周りに人がいるし、音楽は大音響だし、アルコールが入っていればなおさら、イケないお客もいるようでピンサロで気分が高揚してから個室のヘルスへ行く梯子風俗をする人も少なくないそうです。

●花びら回転プレイ

　ピンサロはコース時間内に2、3人複数の女の子と遊べる花びら回転とコース時間内ひとりの女の子と集中的に遊べるマンツーマンがあります。

／花びら回転プレイ
　10分～15分で店内にいる女の子たちが入れ代わり立ち代わりお客にサービスをする。
女性の陰部を花びらに例え、花びらが次々にやってくることから花びら回転というようです（所説いろいろある）。
　平均的に45分で3名、6000円前後。

20分で2名、2000円前後。
（6回転で1万円以上するお店もあります）。
　ピンサロは学割、メルマガ割引きなど割引が多いのでチェック。
　1回入店していろいろな女の子と出会えるメリットがあるが、プレイ時間が短いためプレイの途中で女の子が席を立つあわただしさが苦になる人はコース時間内ひとりの女の子と集中的に遊べるマンツーマンをお勧めします。

ピンサロ（ピンクサロン）一例

平均30分			
時間	料金	写真指名	2,000円
12:00～18:00	5,000円	本指名	2,000円
18:00～21:00	6,000円	ドリンク各種	500円
21:00～24:00	7,000円	(※一杯目は無料も多い)	

PART 6　別名：諭吉風俗　ピンサロ

「とにかくピンサロ経営は回転率勝負なので、イカせるコツを心得ている女の子が多い。オレの楽しみは、10日間断射して、そんな彼女たちの猛攻撃を40分間耐え忍び、帰宅後、好きなアイドルの動画で気持ちよく射精すること。って、決めているんだけど、射精させられちゃうんだよね、トホホ」
（Мさん　25歳　フリーター　未婚）

「ピンサロ大好き。最初は真っ暗でなにも見えないけど、少し時間が立つと周りでチンコを咥えられているお客の顔が見えるんだよね。最初はオレも見られていることにテレがあったけど、数回通っている間にナレちゃって、今では次の女が来るまで大股開きで待っている。前の席の勃ちの悪そうなお客が女を抱きながらオレのMAX12センチのチンコをガン見しているけどお構いなしに見せつけてやっているよ」
（Нさん　61歳　無職　既婚）

「地方のピンサロはBOXシートが広いんだけど、都内って狭いんだよね。オレ、身長180センチ、体重140キロ。以前、BOXシートの上で身体を女の子と入れ替える途中に、M字開脚したまま頭から床に落ちちゃって……。後ろの席の兄ちゃんに抱え起こされて、チンコ出したまま御礼。めちゃハズかった」
（Оさん　21歳　建設関係　既婚）

「私がお世話になった漫画家先生はアシスタントをチームのように考えていた人で、作品はスタッフ５名で作り上げるという意識が高く、先生の手が空けば自ら背景、トーン貼り、仕上げもしていました。毎週、原稿が完成したら仕事場でスタッフ全員仮眠をとり、夜の街、ピンサロに繰り出していました。ピンサロというのは数名で行けば、お店側も配慮してくれ知人同士見えないようにバラバラに案内してくれるのでむっつりスケベの私も安心してプレイを楽しめました。

男性ばかりの仕事部屋で毎週締め切り前は缶詰状態。先生はそのことをよく理解してくれていました。だからなのかスタッフたちとは変な絆が生まれ、とても仲良しでした。余談ですが、男性ばかりの仕事部屋ではよく喧嘩が絶えないとあちこちの漫画家たちから聞きます。ささいなことでアシスタント同士が喧嘩となり、カッターナイフを持ったまま睨み合いが長時間続いたり、いきなり悪魔のような奇声を発し、仕事を放棄して外へ飛び出したり……。徹夜続きの長時間労働、さらに迫る締め切り……。溜まりに溜まったストレスと精子。仕事場は常に一触即発。仕事どころではないと愚痴る漫画家先生が少なくないと聞きます。某先生宅に泊りがけで原稿待ちをしていた編集者がこっそり抜け出し風俗へ行ったことがバレて退職させられたなんて話もありました。

漫画家を目指す人がいれば、毎週仕事終わりに風俗へ連れて行ってくれる先生がいいよ（笑）。」
（Ｈさん　４０歳　漫画家　未婚）

※現在、漫画家アシスタントは在宅アシスタント在宅アシスタントが多くなってきている。

PART 6

別名：諭吉風俗　ピンサロ

PART 7
80年代に大ブーム
ヘルス

正式名称ファッションヘルス。無店舗型のデリヘルに対して、お店（箱）を構えていることから箱ヘルともいうぞ！

ヘルス

熟練度　★★★★☆
Cost　　★★★☆☆

『大手グループ経営の店が多いので安心して風俗体験ができる』

　風営法にににより定められている店舗型風俗店。通称「箱ヘル」。

雑居ビル内に店舗を構えているので、お客は店舗内の個室でサービスを受けられます。

　８０年代、ファッションヘルスという名称で大ブームを起こしました。その後、プレイ内容が過激になりすぎて２００６年の改正風営法で事実上新規出店が不可能（警察に目をつけられ許可を取り上げられると２度と大っぴらに出店出来ないので、ぼったくりや悪質な営業はまずない）になり、今では、デリヘル人気の影響で風俗業界の隅に追いやられた感はありますが、それでも根強いファンは全国にいます。

　初心者にとってド派手な看板の下を通って入ったり、出たりするのは勇気がいると思いますが、受付を済ませればプレイルームの個室に案内されるのでデリヘルのようにラブホテルに移動したり、ラブホテルの料金を気にする必要がないので、初心者にとっては箱ヘルは利用しやすいかもしれません。

　プレイ料金は３０分～９０分以上で、１万円前後～２万５千円前後。入会料を取るお店もあります。指名料は１０００円～（キャンペーン中は無料になることが多い）。

　まずは受付でコース、顔写真で女の子を指名する（決めなくてフリーでも可）。

　待合室に通され、スタッフが呼びに来るまで待ちます。多

いときには他の客もいますが、すぐに個室に案内されるので安心してください。みなさん同じ目的で来ているお客さんです。じろじろ見られることはありません。

　女の子の準備が出来れば、スタッフが呼びに来てくれます。待合室から出たら女の子と対面、またはスタッフに案内された個室で女の子と対面と、お店によって様々です。

　ベッドが置かれただけの狭い個室で軽い自己紹介と挨拶。バスタオル一枚になりシャワー室へ案内されます。他の客と廊下で鉢合わせしないように女の子が誘導してくれます。

　シャワー室で女の子が洗体してくれるお店もあれば、お客ひとりでシャワーを浴びる場合もある（ひとりの場合、シャワールームにお店の注意事項が書かれているケースが多い（歯磨き、イソジンうがいなど……）。

　シャワールームから個室へ移動して、プレイがスタートです。

　基本はキス、乳首舐め、フェラ、素股……。

　３０分コースだと、受け身オンリーで終了してしまうケースが多いが、５０分以上のコースであればお客側が責めることも出来るということで多くのお客は５０分以上のコースを選択しているようです。しかも５０分以上のコースになれば、手コキ、フェラでなく素股でのフィニッシュとなるようです。

　昨今、ヘルスは生き残りをかけ、多種多様なお客に合わせ、様々なアイデア勝負に出ているようです。
一部をご紹介……。

・**コスプレ**……メイドやアニメキャラなどの衣装で接客して

くれる。

・**女装**……お客が女装できるお店。さらに痴女系では女装したまま逆レイププレイも可。

・**夜這い**……お客が寝ている女の子に悪戯できる、また、女の子がお客に逆夜這いもある。

・**マット**……ソープランドのようにマットプレイが楽しめる

・**洗体**……女の子がスクール水着を着てバスルームで洗体してくれる。

・**ぽっちゃり**……ふくよかな女性ばかりが在籍する。

・**人妻・熟女**……２０代後半～４０代までの人妻が在籍。

・**マジックミラー**……お客がマジックミラーで実際の女の子を見て選べる。

ヘルス（ファッションヘルス）一例

30 分	8,000 円	有料オプション	
45 分	12,000 円	オナニー鑑賞	1,000 円
60 分	16,000 円	放尿	2,000 円
90 分	24,000 円	イラマチオ	4,000 円
入会金	1,000 円	顔射	3,000 円
ネット指名	1,000 円		
本指名	2,000 円		
延長（30 分）	9,000 円		

などなど、とにかくデリヘル人気の昨今、リピーターを意識した箱ヘルの企業努力は目を見張るものがあります。

「はじめてヘルスに入ったときは今でも覚えている。とにかく通行人たちの目が気になり、何度も人通りが少なくなるのを待って、お店の前を１０往復もしちゃったよ。やたらお店の入り口上のデカい看板が気になってね……。でも風俗店に入っていくのが気になるのはオレだけではないよね。知人で酒屋のバイトをしていた奴は、バイト先のスタッフジャンパーと軍手を身に着け、お店にお酒を運んできたようなフリして入店した。誰も自分なんかは見ていないのはわかっているんだけど、やっぱり他人の目は気になる。今もお店の前を通りすぎるようなフリして直角に曲がって入店しているよ（笑）」
（Wさん　３０歳　水産関係　既婚）

「デリヘルだとお客とふたりっきりだけど、箱ヘルならそばに従業員もいるから安全というわけなのか？　わからなけど、平日、昼間の箱ヘルには女子大生バイトが多いような気がする。しかも旅行目的で短期間にパッと稼ぎたいために在籍期間も短い。信じてもらえないかもしれないけど、今、テレビタレントしている子がヘルスでお相手してくれたことがあるんですよ。確かに可愛かったなぁ。２か月しかいなかったけどね」
（Gさん　３６歳　運送関係　既婚）

PART 7　８０年代に大ブーム　ヘルス

PART 8
オナクラ・非射精
フェチ系

**性癖は千差万別、人それぞれ。
どんなにニッチな性癖でも、
需要がある限りは風俗店もニーズに応えるぞ！**

フェチ系非射精

熟練度 ★★☆☆☆
Cost ★☆☆☆☆

『セックスよりオナニーだ！
セックスしたことないけど』

●フェチ系非射精（その１）

「セックスをしたがらない男性が激増中」
なんて雑誌記事の見出しを目にしたことはないでしょうか？

> 「風嬢をはじめて、一番驚いたのは、会話だけを楽しみに来店してくるお客が意外に多いってこと」
> （Iさん　26歳　風俗嬢　未婚）

実際に今の風俗店はお客の性癖に合わせ、さらに細分化、専門化されています。
女の子の前で自慰を見てもられるオナクラ。
つり革が個室に備え付けられていて電車内での痴漢行為が体感できる痴漢ヘルス。
女の子がロボットだという設定のロボットデリヘル。
自称ブスばかりが在籍するブス専門店。
ぽっちゃり以上が在籍しているデブ専門店。
風俗嬢をアイドルとして育てる育成店。
女の子のおしっこをかけられなが自慰ができ、しかもおしっこを持ち帰られるという放尿専門店。
お客が赤ちゃんになりきれる、また逆に女の子が赤ちゃんになる幼児プレー店。

……などなど。

射精目的で開業したシリコン製のラブドールを派遣してくれるドールデリバリーも、昨今のお客の楽しみはコスプレさせたラブドールの記念撮影だという。

ヌキを目的としないお客が少なくないというのも事実。

●フェチ系非射精（その２）
ノーパン喫茶

基本、女の子は脱がないし、性的サービスもないので風俗嬢としてアルバイト料金も高額（時給３０００円〜１３０００円以上）で敷居が低いので若くて可愛い娘が多いと言われています。

ちなみに女性として働くにはハードルが高いといわれた風俗嬢のハードルをさげたのは、１９７８年、京都で誕生したノーパン喫茶が１９８１年、東京で大ブームとなり、その流れで誕生したノーパンしゃぶしゃぶだと言われている。女の子は下着をつけずにミススカート姿で料理、飲み物を運ぶだけ（ブームになったころには自ら見せるように過激になっていったが……）。とくにノーパンしゃぶしゃぶは多くの有名人、スポーツ選手、政治家、官僚などが利用していたことで女子大生たちの憧れの職場でもあったとか……。

ちなみに５年ほど前に、都内にできたノーパン居酒屋を開店時８月に取材したのだが３か月もたずに閉店となってしまった。女の子の話によれば「店内のクーラー（冷房）が効きすぎていて下半身が冷えすぎ仕事中、おしっこばかりいっ

ちゃいます」なんて長時間ノーパンで立ち続けている苦労話をしてくれたことを思いだす。それにしても今もどこかにノーパン喫茶はあるのでしょうか？

● フェチ系非射精（その3）
メイド喫茶

２００１年、東京アキハバラに開店したメイド喫茶。その後の大ブームは風俗業界にも大きな影響を与えました。コスプレはもちろん、さらには非射精風俗ブーム。
耳かきエステもそのひとつでしょう。
２００５年ごろ、各都道府県知事に対し厚生省が「耳垢を排除する行為は医療行為ではない」とお墨付きを与えたことにより全国的に耳かきエステが広まったとされています。
時給が２０００円前後ということもあり、可愛い女性たちの入店希望者が激増し、浴衣姿の膝枕で太もものぬくもりを感じながら女の子と会話が出来るということで行列ができるほどのお店が賑わい乱立した（ストーカー事件も発生）。

● フェチ系非射精（その4）
オナクラ

自分のオナニーしている姿を女の子にガン見してもらえる風俗です。
セックスよりもオナニーが好きで、妄想力豊かな露出癖とM男のための風俗オナクラ。実はここ１０年、そんな若者が激増中で、さらに進化（？）して男の娘へと変貌を遂げる若

者も少なくないと言われています。

　簡単な入店からサービスの流れ。

　入店したら受付をします（写真などで好みの女の子を指名できます）。

　店舗型ならその待合室に案内され、女の子の準備が整い次第すぐにプレイルームに移動します。店舗を持たないオナクラデリヘルなら近くのラブホテル、レンタルルームなどに男性客が移動します。

　準備ができたら女の子の前でオナニーを始めます。

　基本、女の子へのタッチはＮＧですが、オプション（１０００円〜２０００円以上）を受付で頼めば女の子へのキス、タッチ、言葉責め、筆責め、エッチポーズ、コスプレ、などが可能なお店もあります。さらに相互鑑賞といって、一緒になって女の子がオナニーを見せてくれたり、オナホールを使って射精を手伝ってくれるお店もあります。

　ただし、あれもしたいこれもしたいでオプションを頼むと高額になってしまうので要注意です。入店する前にお店のＨＰで基本料金とサービス内容、料金を把握しておきましょう。

PART 8　オナクラ・非射精　フェチ系

●フェチ系非射精（その5）
幼児プレイ風俗

　射精もOKですが、フェチ系風俗として幼児プレイもご紹介しましょう。マニアなお客の多くは射精はせずにオムツの中におしっことうんちをしていくそうです。
　生まれたばかりの赤ちゃんになって、思いっきりママに甘えたい、そんな願望を叶えてくれる風俗（特殊な風俗なため会員制になっているお店が多い）。
　簡単な入店からサービスの流れ。
　お店に電話して受付に来店。好みのママを顔写真、プロフィールで選びます（指名すれば指名料1000円程度かかる）。お店に任せれば、お店側がママを選んでくれます。ママのコスチューム、オプション、プレイ時間を決めます。そこで料金を支払います。
　店舗型なら待合室に案内され、ママの用意ができたらプレイルーム（室内の雰囲気はベビールームになっている）に移動します。無店舗店なら受付で近くのラブホテル、レンタルルームを紹介されるのでひとりで移動します。ホテルの部屋に入ったら部屋番号をお店側に知らせます。10分程度でママが部屋に到着します。ドアを開け、ママが部屋に着いたことをお店に連絡したらプレイ開始です。
　プレイ内容は選んだオプションで違いますが、大まかな流れを説明しましょう。
　まずは、身体を「きれい、きれい」にするため二人でバスルームに移動。きれいになったらおしゃぶりを咥え、オムツをしてベッドに寝かされます。下着姿のママに抱っこされガ

ラガラを鳴らされ「いい子、いい子」してもらいます。おしゃぶりを外され哺乳瓶でミルクの時間、実際には哺乳瓶は空なのですぐにおっぱいにいきます（中にはオプションでミルクではなくママの聖水をおねだりする客もいるそうです）。そしてオムツの交換、いや紙オムツをむしり取られます。それからは手コキでフィニッシュ。バスルームで身体を洗われて「お疲れ様でしたバブバブ」。

紙おむつはお店で購入すると１枚５００円前後（お店によって持ち込みＯＫだったりします）オプションによってはオムツの中で排出することも出来て交換もしてもらえます。

オナクラ（オナニークラブ）一例

20 分	5,000 円	ローター	1,000 円
30 分	6,500 円	オナホール	1,000 円
45 分	9,000 円	手のひら射精	1,000 円
60 分	14,000 円	手コキ	1,500 円
有料オプション		足コキ	2,000 円
ビンタ	500 円	ノーブラ	2,000 円
唾液	500 円	唾液手コキ	3,000 円
蹴り	500 円	電マ	2,000 円

PART 8 オナクラ・非射精　フェチ系

「寸止め系風俗がいいんですよ。元々、私はHよりも自慰のほうが好きで、女の子といちゃいちゃしたあとに、自宅に帰り、ひとりで思いっきり皮オナするのが気持ちいいんですよ」
（Yさん　27歳　フリーター　未婚）

※皮オナ……皮かむりの状態で亀頭をシゴくオナニー。
※亀オナ……亀頭を露出したままシゴくオナニー。
※床オナ……手を使わず床、布団にペニスを擦り付けてオナニー。

「リピーター率が一番いいお店がぽっちゃり系だそうです。確かに抱き心地が最高にいいし、いつも笑顔のイメージがあるし、会った瞬間になにか食べさせてあげたくなるし（笑）……、射精目的よりも抱き目的かな。体重100キロ以上ある子に抱きついているとイヤこと全部忘れられるんです」
（Hさん　54歳　国家公務員　既婚）

「風俗はオナクラ一筋です。ボクはオナニーをするときハチマキをするんです。女の子の前でハチマキをしてオナニーすると100％好印象で、絶対にボクのことを覚えてくれますね。ボクが通っているお店は基本、女の子が服を脱がないから、アイドル並みに容姿が可愛いです。過去の恋愛経験からいって、可愛い女の子は不細工な男を相手にしません。だから不細工なボクは恋愛の二文字を捨てました。妥協してブスとHをするより理想高く好きなアイドルを思ってオナニーをしていた方が健康的にもいいです。ちなみに先日、オキニのオナクラ嬢がボクに必勝のハチマキをプレゼントしてくれました」
（Sさん　46歳　造園業　未婚）

PART 8　オナクラ・非射精　フェチ系

「風俗は射精してからが面白い」
（Yさん　45歳　公務員　既婚）

「セックスは白帯ですけどオナニーは黒帯！ 学生時代から運動嫌いで筋肉なし体型なので女の子に身体を触られるの苦手なんです。そんなこともあり風俗といえばオナクラ。オナニーは得意科目なので、普段は女の子との会話も苦手なボクですが、オナクラでは饒舌です。好きなのは相互オナニー鑑賞。女の子と一緒にオナニーをします。シャルウィダンス？ ならぬシャルウィ自慰？ で、一緒にイっています。楽しすぎます」
（Tさん　20歳　フリーター　未婚）

「おっパブ、セクキャバとか非射精風俗店が好きでよく出かけるのだが、最近、ハマったのがガールズバー。中にはトップレスで乳首だけ出しているガールズバーや、カラオケデュエット、ポールダンス、Hなゲームなどが楽しめるところもあるけど、ボクが行くところは女の子の会話が面白いところ。ガールズバーはキャバクラのように女の子が横に座って接客するでもなく、おっパブ、セクキャバのようにお酒を飲みなが女の子の身体を触れたり、触られたりするところでもない。ガールズバーはあくまでもバーで、カウンター越しに女の子とお酒を飲みながら会話をするところ。料金設定は、お店によってシステムが異なるが、一杯飲んでいくらのお店、時間内飲み放題のお店と分けられ、時間制でサービスを行うお店が多い。女の子はお客を退屈させないように面白い会話をバンバン振ってくる。中には元地方タレントがいて芸能人の裏話をしたり、ほろ酔い気分で下ネタを話してくる。
　かつて女性の下ネタは生々しいなんて敬遠されていた時代もあ

PART 8　オナクラ・非射精　フェチ系

るようだが、昨今の若い子エロトークはネタとしてもかなり面白いので退屈しない。朝まで営業しているので、つい、始発なんてこともある。

注意すべきことは「私も飲んでいい？」と女の子が必ず、おねだりしてくるから、安易に「どうぞ」なんて言うと、悪質なお店では確かな料金設定がされていない高額なお酒を飲まれることがある。もちろん払いはお客。

最初は安いけど、長時間いれば４、５万円はすぐにぶっ飛びますのでご注意を」

（Ｕさん　４７歳　自営業　未婚）

「妻がフェラをしてくれないので、風俗通いをしています。ネット上で無修正エロ動画を見るようになりフェラチオへの憧れが強くなり、１度、妻にお願いしたら、子犬のように舌でチンコをペロッと舐める程度で願い届かず……。ディープスロート、仁王立ちフェラ、バキュームフェラ、唾液まみれフェラ、甘噛みフェラ……、いろいろ体験しましたが、最も感動したのがフェラ専門店ヘルスで体験した口内ストーンフェラです。女性はぬるま湯を口に含んだままペニスを咥え、口の中で舌や顔を激しく動かします。まさにその激しさは嵐、嵐、嵐。思わず腰が浮くほど吸われました。フェラをされてマジ声が出ちゃったのは初めてでした。……やはり経験値か、熟女になればなるほどフェラが上手なわけで、ある日、熟女さんに『フェラ、上手ですね』なんて、本田にサッカー上手ですね、みたいな質問したら、熟女さん『下がガバガバだから』なんてユーモアで応えてくれました。それ以来、ますます風俗嬢が好きになりました」

（Ｈさん　３１歳　出版関係　既婚）

PART 8　オナクラ・非射精　フェチ系

都内Ｉ界隈に、フェチ専門店の風俗があり、取材でちょくちょくお世話になっていました。
　あるときはポルノ女優の巨乳ぐらい大きく膨らませた風船を女の子と抱き合って割ったり、紙の皿にクリームパイを乗せ、バスルームでパイ投げごっこをしたり……。いろいろなフェチプレイを体験しましたが、神に選ばれしドＭの罵倒フェチの風俗ライター、筆者としては他人のフェチがまったく理解できずに取材していました。
・唇、乳、女性器、下着姿、ハイヒールの形などに感じる視覚。
・喘ぎ声、泣き声、罵倒さらには鞭の音、ハイヒールの足音などに感じる聴覚。
・指先、舌先、柔肌、ローション、ハイヒールの素材などに感じる触覚。
・愛液、唾液、精液、香水、汗、下着、おなら、黄金、ハイヒールの素材、足の匂いなどに感じる味覚、嗅覚。
フェチを理解するにはまだまだ勉強不足だったと痛感した３０代風俗ライター時代。
　知人の風俗ライターＹさん（３７歳）は自分の粗チンを風俗嬢ではない女性に露出することに興奮を覚える露出フェチ。Ｙさんがライフワークにしていたのがスーパー銭湯巡りで、某スーパー銭湯では五十路女性店員とフルチンのまま世間話ができるようになったと喜んでいました。
　出版不況で行方知らずになったけど、今もどこかで合法露出しているのかな……。
（Ｎさん　４５歳　警備会社勤務　既婚）

PART 9
ちょっとアヤシイ
出会い系
三行広告

ちょっとアヤシイ感じがします
たとえ危ない橋を渡ろうとも
やっぱり素人がいいんだもん！

80年代後半、テレクラ。
90年代、援助交際、ブルセラショップ……、爆発的ブームだった出会い系。
　風俗嬢は抵抗あるけど、素人の女の子とはHがしたい。そんな男性たちの願望を叶えたのが出会い系です。
2010年の改正風営法施行により出会い系カフェは18歳未満立ち入り禁止となり激減しましたが、いまも健在です。昨今では熟女専門が多いようです。

　それでは早速、出会い系カフェの流れを見てみましょう。
　入会時に身分証明を求められます。初回登録料5000円～。連れ出し料金（お店側、女の子に支払い）などもろもろかかり1万円以上は確実にかかる（お店によって違います）。
　お客が個室（トークルーム）に入り、女の子を待つタイプだとドリンク代などもかかります。
　女の子たちの待機部屋をマジックミラーで覗きながら気にいった女の子がいれば申込用紙にアピルールポイント、交通費（2000円前後）を記入してスタッフに提出。他の客と競り合うこともあるのでオークションのように交通費を少し高めに書けば落せる確率は高くなります。
　もちろん、サクラ（お店のバイト）もいるわけで、店外デートはあまり期待しない方がいいかもしれません。
主導権はあくまで女性にあり……です。

・SNSの出会い系

　教職員が出会い系サイトで未成年者に売春させていたなんてニュースはよく聞く話ではないでしょうか。

　ちなみに、あくまでもマタ聞きですが、バスガイドに言わせると、集団になるとドスケベになるのが教職員と住職だそうです。SM女王様に言わせると、ドSが多いのは警察関係者のトップの人たちだそうです。

　出会い系はお店側のサクラも多くいることも確かです。金目当て、ひまつぶし、退屈しのぎ、Hが好き、本当に男性との出会いを求めている……出会い系にいる女の子の目的は様々です。

　男性客の目的はHなので、女の子たちの中からH目的の子を選ばなくては時間と金の無駄というものです（それが、恋愛ゲームのようで楽しいというお客もいるそうですが……）。ひまつぶしでやってきたのに、会話をしてみたらお客が高感度で、その日はメール交換だけで終わったが、後日、デートの約束をして、その後、Hなんて美味しい話もきいたこともありますが……。まさに『人生はチョコレートの箱、開けてみるまで分からない』（フォレスト・ガンプより）。

　余談だが、出会い系が好きなライターに言わせると風俗常連客よりも出会い系での素人女性とのHのほうが断然、性病のリスクが大きいとのこと。
やはり定期的の性病検査は必要です。

・出会い系サイトの援デリ
　風俗店を経営するには自治体への届け出が必要だが、電話１本で誰でも開業出来る出会い系サイトの援デリは非合法風俗。
　援デリで働く女の子たちは、風俗店で働けない、家出少女、未成年など問題を抱えている子が少なくなくお客とのトラブルも多いと聞く。

・援デリとは……。
　出会い系サイトやネット掲示板に女の子のＰＲ記事を書きお客とのメールをやりとする「打ち子」
　女の子は「キャスト」といいます。
　打ち子が客を集めてキャストがお客と会う。
　大雑把にいえばそんな感じです。
　風俗嬢には抵抗あるけど出会い系サイトの一般の女性（？）なら遊んでみたいというお客が多い。しかも会ってＨをするのが目的だから出会い系サイトの援デリなら時間や手間がかからず会うまでが手っ取り早い。
　援デリは売春防止法に違反する犯罪行為なので気を付けてください。
　女の子に財布を取られた、美人局にあったなど被害情報も少なくない。

・どんなところを気を付けるのか？
　メールでのやり取り、文章の定型文には気を付ける。
さらに「お願い」「最初だけ」「安心して会いたい」なんて言葉が出てきたら要注意。

待ち合わせで３０分以上遅れるというメールが届いたら気を付ける（陰でお客を吟味しています）。
昨今は中高年を狙った人妻系援デリが多いそうです。

「援助交際デリバリー、通称「援デリ」は体験上、はじめての風俗１年生にはハードルが高いかと思われれます。風俗取材歴８年、超ポジティブなオレでも何度後悔したことか・・・。とにかく１番の問題は常連客を摑まえるわけではなく、お金が必要になった時、その場限りで接触してくるので、笑顔なし、サービスなしの次回なしです。１度、射精させてしまえば終了なので、ムキになって手コキをする熟女もいました。逆に中には１８歳以下なんて子もいるらしいから気を付けてください。１８歳未満の子にＨをしてお金を支払うと児童買春罪で逮捕されます。
　一概に言えませんが、特にホテルを指定してくる子などには注意した方がよさそうです」
（Ｙさん　３８歳　フリーライター　未婚）

三行広告

熟練度 ★★☆☆☆
Cost 測定不能

『ネットはやりません スポーツ新聞一筋です』

　三行広告とは夕刊紙、スポーツ新聞などで新聞に掲載された見かける3行で書かれた案内広告。
　スポーツ新聞に踊る、過激かつユーモラスな三行広告。

・モデル多数
・訳あり熟女
・母娘丼
・社長夫人
・夫公認不倫妻……。

　掲載するのに3行約2万5千円〜だそうだ（10回、20回とまとめて掲載すれば若干値引きもあるとか……）。
　好奇心を刺激する活字妄想、風俗を遊びつくした大人の男が行きつく極楽禁漁区。
　まさに風俗版ツイッター。

　普通（？）の風俗店では満足できないサブカル好きな人にとっては三行広告は好奇心を誘発するほどのいかがわしさがあるのではないだろうか？

　大人のパーティー、通称オトパ。三行広告ではよく見かける言葉だ。大人のパーティーも経験上、二通りあるようだ。

指定されたマンション、一軒家に行き、料金を支払い、貴重品袋、サウナに置かれているような館内着を持たされシャワー室へ行きひとりシャワーを浴びる（貴重品袋は室内のロッカーに預ける）。さっぱりしたら先客、女の子たちがいるプレイルームへ……。プレイルームに行くまでは同じなのだが、そのまま乱交になるパーティーと、別室での１対１プレイになる大人のパーティーがある（コースはお店によって違うようだ）。

　お客、女の子と複数で楽しむ大人のパーティーの場合、場の空気を壊さないようにはじめて参加といえども暗黙のルールをしっかり把握しておかなければならない。
どうしても常連客がその場の雰囲気を作り上げるので、「大人のパーティーは３回目からが面白い」と言われるのはそのためです。

　風俗初心者にはかなりハードルが高いが、若くて童貞なら熟女たちには大モテ（経験上、ハプニングバーでも若い童貞くんは大モテでした）なので童貞ならトライしてみる価値はありそうです。

●三行広告を１０倍楽しむ

　三行広告を楽しむには、推理作家のような読解力が必要とされます。

ＡＦ……アナルファック可能
ＮＫ……ニューハーフ専門店
Ｎ……生挿入ＯＫ

PART 9 ちょっとアヤシイ　出会い系・三行広告

K……１０００円
１０Ｋ……１万円
ＪＫ……女子高生
ＪＣ……女子中学生
いちご……１５歳（未成年）
要……外人専門
熟女……５０歳以上

など。
　「モデル」の言葉にモッコリして実際に行ってみたら地方の仏壇チラシで見かけるような品のいい老婆がお相手だったなんて話も聞いたことがあります。

> 「プロレス、格闘技が好きで毎日、スポーツ新聞を購入していました。ある日、目にした三行広告『リアル親子丼』。恐る恐る掲載していた電話番号にかけてみたら電話口に出たのは物静かな熟女。聞けば近県の○駅にある一軒家でのプレイとなるとのこと。指定された駅に行き、再び電話。目印になるＧパンと赤のトレーナー、黒いショルダーバッグを持っていることを告げ、待つこと２０分。４０過ぎの上品そうな熟女が軽自動車で迎えに来てくれました。彼女の娘さんと３Ｐかと思っていたら、なんと！一軒家で迎えてくれたのは彼女の６０過ぎの実母。半笑いで３Ｐ。……不思議な体験をしました」
> （Ｍさん　５０歳　医療関係　未婚）

「汁男優をしています。好きなＡＶ女優の前で露出センズリができるのが楽しいです。ネット上で汁男優募集、童貞募集を広く応募しています。汁男優は１日５０００円前後のバイト代までいただけます。撮影は都心から遠いスタジオが多いので集合が朝早いです。交通費は自腹が多いです。さらにいざ、撮影直前になると、やっぱり撮影したくないと泣き出す女の子は非常に多く、説得させるために待ち時間が長くなることが多々あります。だから結局、１日仕事となります。待ち時間が長いので集められた数十人の汁男優たちと会話をする機会も増えます。面白いことに鉄道マニアが多く、スタジオの隅で全国の鉄道話で盛り上がっているなんてことが数回ありました」
（Ｙさん　３２歳　製造業　未婚）

illust：フェルディナン@秋月

PART 10
初体験にはハードルが高い

ハプニングバー
SMクラブ

かなりのマニアックさを誇るものの
常に一定の人間を魅了する素敵なジャンル
風俗初体験にはハードルが高いかも！？

ハプニングバー

熟練度　★★☆☆☆
Cost　　★★★☆☆

『出してみたら僕だけ
　　　　ピンクの半剥け亀太郎』

　カップルしか入店できなかったカップル喫茶が進化（？）して、男性単独でも入れるようになったハプニングバー。

　ハプニングバーを世間的に有名にしたのは２００４年、ＡＶ男優とパフォーマー女優との店内での本番行為が警察沙汰になってスポーツ紙をにぎわせたからではないでしょうか。

　９０年代ごろから、露出狂、痴女、女装などいろいろな性癖をもった人たちの集まる場所として、９０年代後半からちょくちょく雑誌にも取り上げられていました。

　入場料金はカップル、単独男性、単独女性で違います。単独男性が最も高くて入会金、入店料で安くて１万円〜（２万円はみていたほうがいいと思います。ドリンク代が必要なところもあり）。女性は無料の場合が多い。お店によっては会員制のところもあります。

　貴重品はロッカーに預けることも出来ます。

　店内に入ると、バースペース、プレイスペース、個室と別れています。

　バースペースでは店員が飲み物を作ってくれます。ほとんどの客はプレイスペースのソファなどでくつろいでいます。ここではＳＭショーなども開かれることもあります（お店ごとにいろいろなＨなイベントを開催している）。個室ではＨを他人に見せたいカップルなどがココで行為をはじめます。もちろん、プレイスペースでもはじめるカップルもいます。

　成人雑誌などでは、終電に間に合わなかったＯＬたちが朝

まで、なんて書かれていることが多いが、筆者が数十回取材したときには出会うことはなかったです……。

それよりも興味本位でやってきたまじめそうなサラリーマンたちを多く見かけました。仕事帰りで爆睡している人も少なくありませんでした。

雑誌などでは、ハプニングバーへ行けば夢のような酒池肉林が行われているように書かれているかもしれませんが、ハプニングバーは風俗店ではありません。表向きは自由恋愛をする場所ですので、そのことを十分理解してください。

自由恋愛を楽しむには、お店の店員たちと仲良くなることが大切だと思います。親しくなれば美味しいアドバイスもいただけると思います。

「ネットサーフンをしていたら『女子大生5人と乱交』となんて言葉が飛び込んできて、どうしても1度行ってみたくなり、勇

PART 10 初体験にはハードルが高い ハプニングバー・SMクラブ

ハプニングバー 一例

	13:00〜18:00			18:00〜翌5:00	
	入会金	チャージ		入会金	チャージ
男性	1,000円	7,000円	男性	3,000円	12,000円
女性	無料	無料	女性	1,000円	無料
カップル	無料	4,000円	カップル	3,000円	6,000円
ドリンクフリー			※カップルは二人での値段		
飲食		500円	※金曜・土曜はチャージ+1,000円		

気を振り絞ってハプニングバーに電話をしたんですよ（ゴリゴリの童貞だったですけどね）。土曜日の夜１１時過ぎ、女性３名、男性６名ほどいたかな。あきらかに常連客たちって感じで楽しげで、自分は誰が見てもよそ者。自分だけヒマワリ畑に咲いたルドベキア。輪の中に入っていける状態ではありませんでした。完全にひとり浮いていました。しかも女性たちは私など眼中になく男性たちと爆笑下ネタトーク。男のひとりが女性たちの手によって全裸にさせらると、なんと２０センチオーバーのペットボトル並みのイチモツが……。それを見ながら女性たちがチン見酒。……学生時代『深い芝生に潜ったゴルフボール』と言われた自分のイチモツを露出するまでもなく早々にハプニングバーを後にしました（涙）」
（Ｓさん　４４歳　フリーター　未婚）

「ハプニングバーの面白いところは、言い方は失礼かもしれないけど普通なら周りの男性たちからちやほやされないであろうと思われるＭ女が女王様みたいに扱われるところ。私もそうだけどちょいブス、しまりのない体型がハプニングバーではエロいんです。呼吸も整える間もなく次から次へと体力自慢の男たちが突き上げるもんだから喘ぎも半端ないし……。１度、Ｍ女が突かれすぎてぎっくり腰になっちゃって店内大騒ぎ。無理に起こすと『痛たたたぁ』。Ｍ女の彼氏と男性６人がＭ女をシーツに寝かせ、端をもってひとり住まいの自宅マンションまで運びました。まさにハプニング。それにしてもＭ女のイキっぷりは今、思いだしても地獄谷に住む快楽におぼれた鬼のようで凄かった」
（Ａさん　３０歳　営業関係　未婚）

PART 10　初体験にはハードルが高いハプニングバー・ＳＭクラブ

「コミケ常連、お目当ては寝取られ（NTR）関連サークル。

1度でいいから見てみたい、女房が知らない男たちにレ○プされているエロ姿（ウタマロです）、……なんて妄想しますが、女房どころか彼女いない歴年齢。ネット上の無料無修正エロ動画から声もかけられなかった初恋のクラスメイトに似た女子を見つけ、出演している女の子を初恋の子だと思いこみ日々寝取られ妄想。

そんな私ですが、1度、実際にハプニングバーで他人の寝取られ体験を見てみたくなり誰にも相談することなくひとりでこっそりハプニングバーに行ってきました。ネットの情報を信じれば、そこのハプニングバーでは寝取られ常連カップルが多く出入りしているとのこと。

金曜日の夜8時ごろ、受付で会員登録（免許証などの身分証明書提示）、入場料金、入会金1万8000円（カップルだと半額）を支払い、店員から店内での注意事項を聞き、携帯電話、スマホなどの撮影類の持ち込みはNGで貴重品とともに受付奥のロッカーに預けました。ロッカーのカギがついている手首バンドをして店内へ……。

男8名、女（熟女）2名がHをしていて、場の仕切り屋らしき四十路おじさんに手招きされHの輪の中に……。まるでボクの幼少期を知っている親戚のおじさんのように気さくに話しかけてきてくれて、気づけば女性の上で遠慮がちに腰を振っていました。

結論から言いますと、ハプニングバー、ひとりで行ってもそこそこ楽しめます。絶対に妻をめとり、ハプニングバーで寝取られ体験してみたいと思います。」

（Kさん　36歳　フリーター　未婚）

PART 10　初体験にはハードルが高いハプニングバー・SMクラブ

SMクラブ

熟練度 ★★★★★
Cost ★★★★☆

『風俗の細分化により超マニアック方向に移行中』

　マニアックな世界観があったSMも、今では女子高生の間でも「あなたS、それともM？」なんて会話が聞こえてくるほどライトな時代。ライトな客層を狙ったSMキャバクラ、SMガールズバーなんていうのも見かけることもあります。

　ひと昔前ならドM男子なら一度は行ってみたいSMクラブなんて思いをはせていたかもしれないが、風俗がより細分化したために、昨今ではSMクラブの前にM性感、痴女系デリヘルなどへ行くというパターンが増え、SMクラブの利用者が減っているそうです。

　そのため、よりハードになったり、格闘技プレイ、女医、女教師などコスプレ色も前面に出したクラブが現れたり、女王様に拘束され言葉責めされたあとに生意気な女王様を縛りつけイマラチオができるような前半M＆後半SなんていうSとM両方たのしめるコースも人気があるそうです。

　今はデリヘルのような派遣型SMクラブが多いそうです（箱は家賃がかかりすぎる）。

　それではSMクラブの遊び方についてご説明しましょう。
　行きたいお店が決まったら電話をします。お店が入っているマンションなどの受付に行きます。そこで希望のプレイ内容を説明、または細かくスタッフから渡された用紙に記入します（女の子に伝えてもらえます）。

実際に会って、女の子に直接、言う場合もあります。しっかりとしてみたいプレイ、されたいプレイ、またはＮＧプレイ、されたくないコトを伝えておかないと、プレイがはじまって「やめて！」って叫んでも、感じていると思われ、さらにハードになる場合があるからご注意をしてください。はじめてなら必ず、『初めてです』って伝えましょう。お客が初心者の場合、お店側の配慮でベテランの方を紹介してくれるともいいます。

　お客がＳの場合もプレイ前にＭ女としっかりしたＮＧルールなどを決めておきましょう。
　お互いの中で絶対に無理なプレイの時には「お許しください」って言ったらプレイを中断するとか……。
　それほどまでに信頼関係が必要とされるＳＭクラブです。
　愛のないＳＭは苦痛なだけです。

　平均的料金ですが、Ｓは９０分３万円、Ｍは９０分２万４０００円（ラブホテル代、初回入会金２０００円〜、オプション代もかかります）程度。

　どんなプレイがあるかといえば……、
縛り、浣腸、鞭、言葉責め、強制オナニー、ローソク、バイブ、電マ、口奉仕、穴奉仕、ペニバン、聖水、吊り、女装……、などです。

　衛生上、ＳＭプレイが使用できるラブホテルの部屋は限られているのでお店の指定されたラブホテルを使用しましょ

PART 10
初体験にはハードルが高い
ハプニングバー・ＳＭクラブ

う。

　先にラブホテルに入って女の子の到着を待つか、一緒にラブホテルに入っていくかはお店のスタッフとご相談です。ただしＳＭプレイの醍醐味といえば、足枷、手かせ、ロープ、バイブ、ローター、ろうそく、鞭、ピンヒール、浣腸器具などなど責め道具。

　女の子はそれらをキャリーバッグに詰めてコロがしながらラブホテルに入っていくので、人ごみの多い通りにあるラブホテルでは、ちょっと周りに人から色眼鏡で見られることがあるので人の目を気にする人はご注意を。って、ドＭクンには最高の羞恥プレイかも……。

SMクラブ 一例		
S　90分	30,000 円	
M　90分	24,000 円	
入会金	2,000 円	
ラブホテル	3,500 円	

「男は女に可愛がられてなんぼの世界、それがSMやで。M男は女王様の股間を濡らして一人前。勝手にイクのは身勝手のMくんや。最近、女王様が嘆いておられたで、ちょっとチン毛をむしっただけで『痛いのは無理です』なんて弱音を吐く始末。チン毛はむしられ、燃やされ、剃られるもの。痴女と女王様を勘違いしているM男多すぎ」
(Mさん　36歳　飲食業　未婚)

「会社内の罰ゲームでブス専門店の風俗へ行かされたり、見た目がすでにヤバそうな立ちんぼを買うなんて話はよく聞きます。うちの会社でも飲み会の帰り、ひとりでSMクラブに行く罰ゲームをすることになりました。酔った勢いといえども恐ろしいものがあります。しかも希望オプションが温水浣腸1リットル注入！……。ジャンケンに負けたボクが初体験するハメになり、風俗慣れしている奴がボクの名前でお店に電話してMコースを予約。カンパし合ったお金を持たされ、いざ、SMクラブです。お店の外で半笑いで待っていた仲間内には『肛門がめちゃやですよ、死ぬかと思った』なんて愚痴をこぼして見せましたが、……それ以来、Mに目覚めたボクはこっそりSMクラブに通っています。物事って体験してみるとものの見方が変わりますね」
(Tさん　26歳　IT関係　未婚)

PART 10　初体験にはハードルが高い　ハプニングバー・SMクラブ

PART 11
合法？ 非合法？
立ちんぼ
ちょんの間

場所は限定されるものの、
風俗を探求する者として覗いてみたい世界。
昭和の風情を感じよう！

立ちんぼ

熟練度 ★★☆☆☆
Cost ★★☆☆☆

『世界中どこにでもある裏風俗の決定版！』

　ソープランドやデルヘルなどの風俗での電話予約するのが面倒。今すぐHがしたい。そんなときに最適なのが立ちんぼです。

　立ちんぼ、通称「街娼」。コロンビア人、スペイン人、タイ人、ロシア人、中国人、韓国人、など人種も様々。

　表向きは風俗店に縛られることもなく女の子とお客の交渉次第と思われがちですが、それなりに縄張りや裏があると聞きます。

　街角で女の子が立っているエリア（駅前のラブホテルのある繁華街から少し離れた人通りの少ない地域）があるので、お客はそこへ足を運び女の子に直接声をかけ、値段交渉をします（女の子の前をウロウロしていると向こうから声をかける場合が多い）。

　相場は１万円〜２万円前後です。

　他の風俗と違い、それなりにリスクはあります。

　ホテル代込みで２万とか言って格安ホテルに案内され、プレイをするたびにお金を請求（タケノコ剥ぎ）されたり、飲み物に睡眠薬を入れられたり、シャワーに入っている隙に金品を盗まれたりなんて被害にあった人の話も聞きます。

　被害届も少なくなく、違法入国者の監視が厳しくなり数は激減しているそうです。

　激減の理由はそれだけではなく、都内では２０２０年の東京五輪に向け、街の浄化が始まっているからだと聞きました。

デリヘルなどの風俗店がお客のニーズに合わせ日々進化し、安くて本番まで出来るお店も激増しているため、あえてリスクのある立ちんぼを利用するお客の数も少なくなっているようです。

　しかしその反面、１０代の日本人女性の立ちんぼが増えているなんて話も聞きますが、未成年者とＨな行為をするのは犯罪ですので気を付けてください。

　余談ではあるが、たまに路上に立っているマッサージ店の呼び込み嬢……。真冬の寒空に長時間、店の外で立っている子を指名してあげると、ことのほかサービスがよかったりします。

「『アナタノキンタマカラニシテヤンヨ』お客に教えられるんでしょうね、カタコトの日本語で話しかけてくれんですよ外国人の立ちんぼが……。都内Ｓ界隈の人通りの少ない通りを深夜、帰宅のためトボトボ歩いていたら『アナタノキンタマカラニシテヤンヨ』って、ボクの股間をいじりまわしながらコロンビア人の立ちんぼが話しかけてきたんです。そのカタコトの日本語の響きが声フェチのボクの股間を直撃。流れに巻かせて、そのままラブホテルヘイン。卑猥な言葉の羅列の喘ぎ声に大興奮……。それにしても外国人に卑猥な言葉を教えるお客が多い。エロい言葉は許せるが、過去の流行語は萎える。まるで外国人タレントに日本の流行語を教え込むテレビレポーターみたいで、ちょっとイヤな気持ちになることもある。ダメよぉ～、ダメダメ。」

（Ｉさん　２９歳　服飾関係　未婚）

PART 11　合法？非合法？立ちんぼ・ちょんの間

ちょんの間

熟練度 ★★★★☆
Cost ★★★☆☆

『性の探求者なら一度は体験したい昭和の風俗街』

　立ちんぼが無店舗型ならば、ちょんの間は店舗型風俗。ラブホテルへ移動せずに、その場で本番ができます。
ちょんの間、別名「売春宿」「一発屋」。

　かつては赤線、青線地帯で売春をしていた店舗が１９５６年の売春防止法後、小料理屋、スナック、割烹などと看板を掲げ、その店の奥、二階で本番をさせてくれるお店のことをいいます。

　基本料金は２０分１５０００円〜（場所によっては３０分１５０００円〜）、営業時間は１６時頃〜２４時（早朝からやっているところもあり）。

　閉店時間は組合で決まっているので、２３時頃にはたたき売りが始まる場合あり。
　一番有名なエリアは大阪の飛田新地で１５０軒ほどが並んでいます。
　軒先にいる女の子を見て、そばにいる仲居と呼ばれるおばちゃんと交渉。
　軒ごとに３人ほどの女の子がいて、５分ごとに入れ替わる。その場ですぐに決めず、少し歩き回って決めるのもいいでしょう。
　とくに大阪にある飛田新地では２０代ばかりが在籍する青春通り、３０代以上の熟女エリア、通称「妖怪通り」があり、

青春通りにはアイドル並みの可愛い子がいるとのことです。
（熟女エリアは若干料金が安め２０分１２０００円〜）

　ちょんの間のいいところは、写真ではなく実物を見て決められることです。
交渉が成立したら、お店の奥か、二階に通されます。３畳ほどの部屋に布団が引かれただけの部屋に通されます。飲み物とつまみが運ばれていくるお店もあります。

　お互いその場で服を脱いで、チンコをウェットティッシュで拭かれプレイの始まりです。

　６０分などのロングコースにするとシャワー室に案内される場合もあるとのこと。

　原則としてキスはなく、全身リップサービスからゴム有りフェラなどをして本番……。

　まさに、語源通り「ちょっとの間にする行為」からちょんの間。

　射精後は女の子がおしぼりで局部から全身を綺麗にふき取り終了です。

　ちょんの間という響きから怖いイメージがあるようですが、組合がしっかり管理しているエリアでは安心して遊べるようです。

　確かな情報を見聞きして楽しんでください。

PART 11

合法？ 非合法？
立ちんぼ・ちょんの間

PART 11 合法？非合法？立ちんぼ・ちょんの間

「組合がないちょんの間での噂。歓楽街で働けなくなった女性たちの風俗姨捨山が某県の温泉街にあるという噂があり、それまで風俗へは1度も行ったことがなかったのですが、昔から廃墟巡りが好きで興味半分で温泉街に足を運びました。初のちょんの間体験です。噂通りの熟女たちがいました。『お兄さん、ちょっと』と客引きをしているおばちゃんと変わらない老齢な女性が派手な衣装を身に着けて座っている軒もありました。行く前は話題作りのために廃墟のような女性目当てに行ったのですが、実際に行ってみました。選びに選び抜き、見た目、一路真輝風の女性を選択しました。結果から言うと、熟女ならではの品のいい匂い、たわわなバスト89センチの巨乳、もっちりとした柔肌、まるで熟した果物に抱かれた感があり即射でした。30分1万円は安いと思いました。25歳の時、地元の年下ヤンキー女子に3万円を支払って筆おろしをしてもらった過去があり、今度生まれ変わったなら、絶対にちょんの間の熟女さんに筆おろしをしてもらおうと思いました」

（Tさん　33歳　ライター　未婚）

illust：フェルディナン@秋月

おわりに

　風俗の楽しみは「選択」にありといって断言してもいいでしょう。まさに人生と同じ、「選択」の連続。

　誰と友人になるのか、どこの学校へ進むべきか、どんな会社に入るのか……、そして人は、必ず「選択」ミスをする、失敗をする。取り返しの付かないことをする。悩み、苦しみ、涙し、絶望する。親愛なる友、愛する人との決別、さらには全財産を失う人もいる……。そのとき、人はどう立ち上がるのか、どう考えて行動を起こすのか、前に進むかのか、立ち止まるのか、それとも後ろに後退するのか……。

　風俗もまた「選択」の連続。
手コキをしてもらいたいのか、本番がしたいのか、おしっこをかけられたいのか、ソープランドか、オナクラか、疑似恋愛がしてみたいのか、テクニック重視の熟女系なのか、男の娘と非日常を体感したいのか、女の子にいじめられたいのか、それとも野外で３Ｐか、いや、いや乱交がしたいのか。
選択、選択、また選択。風俗に人生を見る。

　お店のＨＰで見つけた黒●華似の女のコを予約して行ってみたら、黒毛和牛似のおばさんが出てきた。

　風俗とはそういうところなのです。これが楽しめなければ風俗は楽しめません。

　顔はイマイチだけどおしゃべりしてみたら面白くて気が合った。貧乳だけど凄絶なフェラテクの持ち主でオキニになってしまった……。

　これまた人生と同じです。他人を攻撃したり、他人のせい

にしたり、他人の欠点を笑ったりするよりも、他人のいいところを見つけた方が絶対に楽しいです。

　風俗は大人の娯楽です。

　日本には様々な風俗があり、風俗の種類によってプレイ内容、サービス、料金などの違いがあること、なんとなくお分かりいただけたでしょうか。

　男なら誰でも１度は行ってみたい風俗（決めつけはいけませんが……）。その昔、成人雑誌で「どんなときに風俗に行きたくなるのか？」なんてアンケート取材をしたことがあります。

「満員電車内で薄着の女性を見たとき」

「給料が出たとき」

「通りすがりに女性の香水の匂いが鼻腔を擽ったとき」

「ギャンブルで大勝ちしたとき」

「思い通りにならなかったとき」

「街中でカップルを見かけたとき」

「風俗店の看板を見たとき」

など、意見は様々でした。しかし筆者の周りの男性陣たちもそうですが、男は常にムラムラしています。

　人間にとって性欲は欲求のひとつであり性的な満足を求める本能。性欲なくして明日の活力なし。

　ふと、そんな気持ちで股間がムラムラしたらぜひ、この書籍を参考にしていただけたら幸いです。

風俗探究編集部

コモエスタ神楽坂／桃山みか／さか・もと／ミモリ珠洲雄／折笠速射砲／

サトゥヨースケ／くらたあき

●著者
風俗探求編集部（ふうぞくたんきゅうへんしゅうぶ）

コモエスタ神楽坂／桃山みか／さか・もと／ミモリ珠洲雄／
折笠速射砲／サトゥヨースケ／くらたあき

性風俗をこよなく愛するライター・漫画家を軸にした探求の徒。
大量の取材経験、実地経験を元に風俗のすべてを解明しようと
日夜活躍している。
主な著書に『こんな漫画家になりたくなかった　風俗取材体験28
年間の苦悩（コア新書）著／コモエスタ神楽坂』『風俗のヘンなお
客さん（文庫ぎんが堂）著／桃山みか』などがある。

●イラスト
いちはや／日向たかし／へりお／フェルディナン@秋月

風俗1年生の教科書

2016年9月10日　　　　　　　　第1版1刷発行

著者	風俗探求編集部
カバーデザイン	大澤康介
印刷	株式会社文昇堂
製本	根本製本株式会社

発行人　西村貢一
発行所　株式会社総合科学出版
　　　　〒101-0052　東京都千代田区神田小川町3-2　栄光ビル
　　　　TEL　03-3291-6805（代）
　　　　URL：http://sogokagaku-pub.com

本書の内容の一部あるいは全部を無断で複写・転載することを禁じます。
落丁・乱丁の場合は、当社にてお取り替え致します。

©FUZOKU TANKYU HENSYU BU
2016 Printed in Japan ISBN978-4-88181-853-4